Alberto Vivenzio

Testautomation mit SAP®

Wei Xa

D1734196

Aus dem Programm　　IT-Management und -Anwendungen

Usability Management bei SAP-Projekten
herausgegeben von P. Abele, J. Hurtienne und J. Prümper

Produktionscontrolling und -management mit SAP® ERP
von J. Bauer

Dispositionsparameter in der Produktionsplanung mit SAP®
von J. Dittrich, P. Mertens, M. Hau und A. Hufgard

Grundkurs SAP® ERP
von D. Frick, A. Gadatsch und U. G. Schäffer-Külz

Controlling mit SAP®
von G. Friedl, C. Hilz und B. Pedell

SAP ERP® – Praxishandbuch Projektmanagement
von H. Gubbles

Investitionsmanagement mit SAP®
von J. Jandt und E. Falk-Kalms

Unternehmensführung mit SAP BI®
von H.-D. Knöll, C. Schulz-Sacharow und M. Zimpel

www.viewegteubner.de

Alberto Vivenzio

Testautomation mit SAP®

SAP Banking erfolgreich einführen

Mit 222 Abbildungen und 14 Tabellen

PRAXIS

**VIEWEG+
TEUBNER**

Bibliografische Information der Deutschen Nationalbibliothek
Die Deutsche Nationalbibliothek verzeichnet diese Publikation in der
Deutschen Nationalbibliografie; detaillierte bibliografische Daten sind im Internet über
<http://dnb.d-nb.de> abrufbar.

SAP",R/3®, mySAP®, mySAP.com®, mySAP CRM®, mySAP SCM®, ABAP/4®, SAP-GUI®,SAP APO®,
IDES®, BAPI®, BW®, ECC®, SAP Business Information Warehouse®, SAP Business Workflow® sind
eingetragene Warenzeichen der SAP Aktiengesellschaft Systeme, Anwendungen, Produkte in der
Datenverarbeitung, Neurottstraße 16, D-69190 Walldorf. Der Herausgeber bedankt sich für die freund-
liche Genehmigung der SAP Aktiengesellschaft, das Warenzeichen im Rahmen des vorliegenden Titels
verwenden zu dürfen. Die SAP AG ist jedoch nicht Herausgeberin des vorliegenden Titels oder sonst
dafür presserechtlich verantwortlich. Für alle Screen-Shots des vorliegenden Titels gilt der Hinweis:
Copyright SAP AG. Microsoft®, Windows®, Windows NT®, EXCEL®, VISIO®, SQL-Server® sind eingetragene Warenzeichen der Microsoft Corporation. Oracle® ist eingetragenes Warenzeichen der Oracle
Corporation. Bei der Zusammenstellung der Informationen zu diesem Produkt wurde mit größter Sorg-
falt gearbeitet. Trotzdem sind Fehler nicht vollständig auszuschließen. Verlag, Herausgeber und Autor
können für fehlerhafte Angaben und deren Folgen weder eine juristische Verantwortung noch irgendeine Haftung übernehmen.

Das in diesem Werk enthaltene Programm-Material ist mit keiner Verpflichtung oder Garantie irgend-
einer Art verbunden. Der Autor übernimmt infolgedessen keine Verantwortung und wird keine daraus
folgende oder sonstige Haftung übernehmen, die auf irgendeine Art aus der Benutzung dieses
Programm-Materials oder Teilen davon entsteht.

Höchste inhaltliche und technische Qualität unserer Produkte ist unser Ziel. Bei der Produktion und
Auslieferung unserer Bücher wollen wir die Umwelt schonen: Dieses Buch ist auf säurefreiem und
chlorfrei gebleichtem Papier gedruckt. Die Einschweißfolie besteht aus Polyäthylen und damit aus
organischen Grundstoffen, die weder bei der Herstellung noch bei der Verbrennung Schadstoffe
freisetzen.

1. Auflage 2010

Alle Rechte vorbehalten
© Vieweg+Teubner | GWV Fachverlage GmbH, Wiesbaden 2010

Lektorat: Christel Roß | Walburga Himmel

Vieweg+Teubner ist Teil der Fachverlagsgruppe Springer Science+Business Media.
www.viewegteubner.de

Das Werk einschließlich aller seiner Teile ist urheberrechtlich geschützt. Jede
Verwertung außerhalb der engen Grenzen des Urheberrechtsgesetzes ist ohne
Zustimmung des Verlags unzulässig und strafbar. Das gilt insbesondere für
Vervielfältigungen, Übersetzungen, Mikroverfilmungen und die Einspeicherung
und Verarbeitung in elektronischen Systemen.

Die Wiedergabe von Gebrauchsnamen, Handelsnamen, Warenbezeichnungen usw. in diesem Werk
berechtigt auch ohne besondere Kennzeichnung nicht zu der Annahme, dass solche Namen im
Sinne der Warenzeichen- und Markenschutz-Gesetzgebung als frei zu betrachten wären und daher
von jedermann benutzt werden dürften.

Umschlaggestaltung: KünkelLopka Medienentwicklung, Heidelberg
Technische Redaktionn: FROMM MediaDesign, Selters/Ts.
Druck und buchbinderische Verarbeitung: Ten Brink, Meppel
Gedruckt auf säurefreiem und chlorfrei gebleichtem Papier.
Printed in the Netherlands

ISBN 978-3-8348-0803-5

Disclaimer

In dieser Publikation wird auf Produkte der SAP AG Bezug genommen. SAP, R/3, xApps, xApp, SAP NetWeaver, Duet, PartnerEdge, ByDesign, SAP Business ByDesign und weitere im Text erwähnte SAP Produkte und -Dienstleistungen sind Marken oder eingetragene Marken der SAP AG in Deutschland und in anderen Ländern weltweit. Business Objects und das Business-Objects-Logo, BusinessObjects, Crystal Reports, Crystal Decisions, Web Intelligence, Xcelsius und andere im Text erwähnte Business-Objects-Produkte und -Dienstleistungen sind Marken oder eingetragene Marken der Business Objects S. A. in den USA und in anderen Ländern weltweit. Business Objects ist ein Unternehmen der SAP.

Die SAP AG ist weder Autor noch Herausgeber dieser Publikation und ist für deren Inhalt nicht verantwortlich. Der SAP Konzern übernimmt keinerlei Haftung oder Garantie für Fehler oder Unvollständigkeiten in dieser Publikation.

Vorwort

In Softwareprojekten sind immer drei Parameter kritisch: Zeit, Kosten, Ressourcen. Hinzu kommt, dass in Banking-Projekten die Qualitätssicherung immens wichtig ist, denn nichts ist fataler, als dem Kunden fehlerhafte oder falsche Daten auszuhändigen. Die Erfahrung zeigt, dass der gleiche Aufwand für die Qualitätssicherung aufgebracht werden sollte, wie für die Realisierung veranschlagt ist. Und hier kommt die Testautomation ins Spiel.

Es gibt am Markt diverse Anbieter von Testing Tools. Jedes von ihnen hat seine Vor- und Nachteile. Zumeist spielen subjektive Eindrücke eine Rolle bei der Entscheidung, welches Tool für ein Projekt ausgewählt wird. In manchen Projekten wird einem diese Frage genommen, da der Kunde entsprechende Werkzeuge zur Verfügung stellt. In SAP Projekten hingegen ist es sehr einfach, denn es können die mitgelieferten SAP-eigenen Werkzeuge eCATT und die Test Workbench vom Solution Manager genutzt werden.

Das vorliegende Buch soll dazu Hilfestellung leisten. Über testmethodische Ansätze und Lehren hinaus zeigt es, wie diese SAP-eigenen Werkzeuge eingesetzt und für das eigene Projekt genutzt werden können. Darüber hinaus soll es auch Aufschluss darüber geben, wie es mit der Wirtschaftlichkeit von Testautomation aussieht. Es ist definitiv Fakt, dass sich die Automatisierung von Testfällen nicht immer rechnet und es macht in einem Projekt überhaupt keinen Sinn, den Aufwand an der einen Position zu senken, um ihn gleichzeitig an einer anderen Position zu erhöhen. Hier ist genau zu überprüfen, wofür bzw. für welche Projekt-/Betriebsphasen die automatisierten Testfälle genutzt werden können.

Ein Großteil des Buches handelt von der Automatisierung von Testfällen mittels so genannter Capture-and-Replay-Werkzeuge. Dies soll nicht den Eindruck vermitteln, dass Testautomation ausschließlich das Aufzeichnen und Wiedergeben von Prozessen ist. Testautomation kann neben der Testausführung zum Beispiel auch die Erstellung von Testfällen und die Testauswertung betreffen.

Ausgangspunkt dieses Buches ist auf der einen Seite die hervorragende Diplomarbeit von Patrick Haibach, die ich im Jahr 2008 betreut habe. Angereichert wurde das Ganze durch meine langjährige Erfahrung aus der Einführung von CoreBanking-Systemen (nicht nur von SAP), wo ich mit Testtools wie eCATT und dem SAP Solution Manager gearbeitet habe.

Einen besonderen Dank an Patrick Haibach für die perfekte Basis und auch an die Geschäftsleitung der isacon AG, die die Genehmigung zur Veröffentlichung erteilt hat.

Jetzt wünsche ich Ihnen viel Spaß und Erfolg bei der Automatisierung der Testfälle im SAP DM.

Langgöns, im Juli 2009 *Alberto Vivenzio*

Inhaltsverzeichnis

Abbildungsverzeichnis

1 Software Testverfahren

1.1 Die fünf Stufen des allgemeinen Testprozesses

1.1.1 Stufe 1: Testplanung und Kontrolle

Die Phase der Testplanung beginnt gleichzeitig mit der Softwareentwicklung. Darüber hinaus muss das Testmanagement in Betracht ziehen, ob es notwendig ist, Projektmitgliedern einen speziellen Vorbereitungskurs oder eine Schulung zu ermöglichen. Außerdem müssen die für den gesamten Testprozess benötigten Arbeitskräfte und Werkzeuge eingeplant werden. Besonders für den Fall, dass neue Software für das gegenwärtige Projekt angeschafft wird, muss der Zeitaufwand entsprechend der Zeit der Umsetzung und der Länge der Schulung für die Testperson einkalkuliert werden.

Der Hauptteil dieser ersten Stufe ist die Teststrategie. Sie beschreibt, welche Werkzeuge und Testmethoden für welchen Produktteil am besten geeignet sind und wie viel Zeit die Testperson für jede Komponente des Programms aufwenden sollte. Die Testdauer einer einzelnen Komponente hängt vom Schaden ab, den ein Fehler auslösen kann. Ein Fehler, der einen Systemzusammenbruch verursacht, kostet in der Regel mehr Zeit und Ressourcen als einer, der einen falschen Titel in einen Brief einfügt. Deswegen muss das Management entscheiden, welcher Teil der sensibelste ist – und dieser muss zuerst und am intensivsten getestet werden. Die weniger sensiblen Teile sollten weniger intensiv und nur zuletzt getestet werden. Erfahrungsgemäß ist Zeit eine sehr kritische Größe in den meisten Softwareprojekten. Darum werden die hoch priorisierten Teile getestet, eventuell auftretende Fehler korrigiert und Fehler, die bei weniger wichtigen Testfällen auftreten, können dann im Folgerelease korrigiert werden.

Das Testmanagement beobachtet die laufende Testphase und passt den Plan fortlaufend an. Die Festlegung des Testendekriteriums muss auch in dieser Phase stattfinden.

1.1.2 Stufe 2: Testanalyse und Testentwurf

Die oben genannte Teststrategie beschreibt, welche Testmethoden für jede der Softwarekomponenten benutzt werden sollten. Bei diesen Methoden ist die Kernaufgabe der Aufbau logischer Testfälle. Deshalb muss die Spezifikation der Software auf Verständlichkeit und Präzision der Formulierung untersucht werden. Geringe Unterschiede zwischen den Erwartungen des Kunden und der Formulierung der Spezifikation könnten eine falsche Umsetzung der Software und der Testfälle hervorrufen. Je nachdem, wie lange es dauert, bis der Fehler entdeckt wird, kostet es mehr Ressourcen, diesen zu korrigieren. Zum Beispiel muss Software, die die Anforderungen des Kunden nicht erfüllt, im schlimmsten Fall komplett neu entwickelt werden. Deswegen ist es wichtig sicherzustellen, dass die Spezifikationen, die in einem besonderen Projektdokument festgehalten werden, mit den Erwartungen des Kunden übereinstimmen.

Beim Erstellen von Testfällen gibt es zwei Hauptzweige. Die Black-Box-Methode zieht nur die Spezifikation in Betracht. Man legt sowohl die Start- und Endbedingungen als auch die Eingabedaten fest. Außerdem muss unter Berücksichtigung der Spezifikation herausgefunden werden, welche Ergebnisse erwartet werden, nachdem dieser Testfall durchgeführt wurde. Erstellt man einen Testfall mit Hilfe der White-Box-Methode, bildet der Quellcode die Grundlage dafür.

Tabelle 1: Testfall

Logischer Testfall	$X <= 5$	$3 < X <= 10$	$X > 8$
Konkreter Testfall	4	9	11

1.1.3 Stufe 3: Testfallerstellung und Testausführung

Nachdem die logischen Testfälle in der Phase der Testanalyse und des Testentwurfs entwickelt wurden, folgt die Konstruktion der konkreten Testfälle. Die Testfälle werden nach ihrer Priorität und in logischen Gruppen sortiert.

Nachdem ein Test durchgeführt wurde, muss eine Dokumentation erstellt werden. Die Informationen müssen detailliert genug sein, um die Testbedingung genau rekonstruieren zu können.

Für den Fall einer aufgetretenen Fehlerwirkung muss diese dokumentiert und einem Entwickler zugeordnet werden, dessen Aufgabe ist, gefundene Fehlerwirkungen zu analysieren und gegebenenfalls zu korrigieren. Eine Fehlerwirkung ist der festgestellte Unterschied zwischen der *tatsächlichen* Funktionsweise und der *erwarteten* Funktionsweise (also die Anforderung) der Software. Der Tester ist für das Finden einer Fehlerwirkung verantwortlich und die Aufgabe des Entwicklers ist, die Fehlerursache zu finden und zu korrigieren.

Wurde ein Fehler vom Entwickler korrigiert, ist es Aufgabe des Testers, diesen Teil der Software nochmals zu testen.

1.1.4 Stufe 4: Testinterpretation und Bericht

In dieser Phase wird der Fortschritt des Testprozesses in einer Testfortschrittsanalyse erfasst. Dabei werden die festgelegten Testendekriterien mit dem aktuellen Fortschritt verglichen. Als Testendekriterium kann zum Beispiel der Abdeckungsgrad der Anweisungsüberdeckung (der prozentual ausgeführten Anweisungen im Quellcode) oder die Menge der gefundenen Fehlerwirkungen pro Teststunde verwendet werden.

Beispiel für Testendekriterien:

– Testendekriterium 1: Abdeckungsgrad der Anweisungen = 90 %
– Testendekriterium 2: gefundene Fehlerwirkungen pro Stunde = 2

Die Testphase endet, sobald 90 % aller Anweisungen des Quellcodes ausgeführt wurden und gleichzeitig nur noch zwei oder weniger Fehlerwirkungen in einer Stunde gefunden werden.

Wenn eines der Testendekriterien nicht erreicht ist, muss das Testen weitergehen. Wenn die Testphase abgebrochen wird, weil die Zeit oder das Geld nicht mehr ausreicht, wurde der Fehler in der Planungsphase gemacht. Deshalb sollte ausreichend Zeit für das Korrigieren von Fehlern und dessen erneutes Testen (Regressionstest) eingeplant werden. Nach dem Abbruch muss ein Testbericht erstellt und dem Testmanager, dem Projektmanager und, wenn notwendig, dem Kunden ausgehändigt werden.

1.1.5 Stufe 5: Beenden der Testaktivität

Diese Phase beinhaltet das kritische Review des gesamten Projekts vom Anfang bis zum Ende der Testaktivität. Negative Erfahrungen, wie Engpässe in der Ressourcenplanung, negatives Feedback vom Endnutzer oder Empfehlungen zur Verbesserung der Software, sowie positive Dinge, wie das rechtzeitige Erreichen von Meilensteinen, werden dokumentiert. Dieses Review des Projekts macht es erst möglich, den Service und die Software zu verbessern.

1.2 Unterschiedliche Testebenen

1.2.1 Komponententest

Der Komponententest wird auch Entwicklertest genannt. Nachdem eine Einheit, Komponente oder Klasse des Produkts entwickelt worden ist, führt der Entwickler einige Testfälle durch, um zu verifizieren, dass dieses Codefragment der Spezifikation entspricht. Unter anderem identifiziert diese Testart Fehler im Design. Neben der Funktionalität wird die Robustheit getestet, während spezielle Testfälle zum Testen der Ausnahmebehandlung durchgeführt werden (Negativtest).

Bezeichnend für den Komponententest ist, dass jeweils eine einzelne Komponente bzw. Klasse isoliert von anderen Komponenten bzw. Klassen, vom System überprüft wird.

Der Tester ist auch für die Testware[1], besonders für die Programmierung des Testtreibers, zuständig. Des Weiteren werden die Effizienz und die Wartbarkeit getestet. Die Effizienz beinhaltet die Hardware-Ressourcen wie zum Beispiel den Speicherzugriff und die Durchführungszeit. Die Wartbarkeit kann überprüft werden, indem die Quellcodestruktur beobachtet wird.

1.2.2 Integrationstest

Die zweite Ebene ist der Integrationstest. Sobald alle Komponententests erfolgreich abgeschlossen sind, kann der Integrationstest durchgeführt werden. Die verschiedenen „Einheiten" bzw. Programme/Programmteile werden miteinander verbunden und integrativ, also im Zusammenspiel, getestet.

Die Tests in dieser Teststufe können Fehlerwirkungen in den Schnittstellen enthüllen. Eine vernünftige Organisation der während des Komponententests genutzten Testdaten ermöglicht auch die erneute Nutzung dieser Daten im Integrationstest.

Neben dem funktionalen Test ist der nicht-funktionale Test der Hauptteil dieser Stufe, der die Performance des Systems beinhaltet. Die Performance wird unter anderem durch Simulation von extremen Bedingungen, wie zum Beispiel 1.000 gleichzeitig einloggende Benutzer oder die gleichzeitige Speicherung von 100.000 Datenbankeinträgen, getestet. Da es in der Praxis keinen Sinn macht, in dem einen Fall 1.000 oder gar 100.000 Tester für den Test zu engagieren, werden hier entsprechende Simulationswerkzeuge verwendet.

Ebenfalls wichtig ist die Integrationsstrategie, die die Anordnung der einzelnen Komponenten definiert.

1.2.3 Systemtest

Während der Komponenten- und Integrationstest aus Sicht des Entwicklers durchgeführt werden, wird der Systemtest (die dritte Teststufe) aus Sicht des Kunden durchgeführt. Im Unterschied zum Integrationstest kommen beim Systemtest noch die so genannten Dritt-Systeme hinzu. Es werden also nicht nur die

---

[1] Testware ist die Gesamtheit aller Dokumente des Testprozesses. Unter anderen gehören Testskripte, die Testspezifikation, Testtreiber und Platzhalter zur Testware. Die Testware sollte sowohl zu Wartungszwecken als auch für andere Projekte wieder verwendbar sein.

entwickelten Komponenten miteinander verbunden, sondern auch die Systeme, die außerhalb der neu entwickelten Software angesiedelt sind und über Schnittstellen angebunden wurden.

Das gesamte System wird getestet, um Unterschiede zwischen der Spezifikation (Kundenanforderung) und dem eigentlichen Verhalten des Systems zu finden. Deshalb ist es wichtig, diese Anforderungen detailliert zu dokumentieren.

Es bedarf keiner Erwähnung, dass sämtliche Testaktivitäten jeder Teststufe niemals in Produktionsumgebungen erfolgen sollten, aber je höher die Teststufe, desto produktionsnäher sollte die Testumgebung sein.

1.2.4 Abnahmetest

Der Abnahmetest wird speziell für und durch den Kunden und den Endnutzer durchgeführt. Dies ist der Test, bei dem der Kunde seine Geschäftsprozesse im Zusammenspiel mit der neu entwickelten Software testet. Der erfolgreiche Abschluss des Abnahmetests zeigt die Produktionsreife der Software. In der Regel wird die Software direkt im Anschluss gemäß einem vorher definierten und abgestimmten Plan (Rollout-Plan) in die Produktion überführt.

1.3 Software Testmethoden

1.3.1 White Box Test

Beim White Box Test basiert die Erstellung der Testfälle auf der Kenntnis des Quellcodes. Die für den White Box Test definierten Methoden sind Anweisungs-, Zweig- und Pfadüberdeckung, für die die interne Logik des Programm Codes bekannt sein muss.

Der White Box Test ist weniger relevant, so lange man in einem SAP Umfeld arbeitet [3, Seite 36]. Das SAP Basis System ist bereits entwickelt und wird nur installiert. Die Konfiguration der einzelnen SAP Module erfolgt kundenspezifisch. Durch Entwicklung von Schnittstellen findet die Integration in die beim Kunden bestehende Systemlandschaft statt. Das bereits programmierte SAP Paket wird hingegen durch Black Box Tests getestet.

1.3.2 Black Box Test

Werden die Black-Box-Verfahren angewendet, wird der Quellcode wie eine schwarze Box angesehen. Lediglich Eingabe- und Ausgabedaten sind sichtbar. Es gibt einige unterschiedliche Verfahren, um Testfälle zu generieren. Im Bereich der Eingabedaten bietet sich die Einteilung in Äquivalenzklassen an. Ein Test, der mit einem Repräsentanten einer Äquivalenzklasse durchgeführt wird, reicht für die gesamte Klasse aus. Neben den gültigen müssen die ungültigen Eingabedaten ebenfalls in Äquivalenzklassen eingeteilt werden.

Die folgende Tabelle zeigt die zwei gültigen Äquivalenzklassen I und II. Des Weiteren gibt es drei Klassen mit ungültigen Werten (Tabelle 3).

Tabelle 2: Äquivalenzklassen (gültig)

Wertebereich	Klasse	Repräsentant	Aktion
$-3 <= X < 0$	I	-2	1. Aktion
$0 <= X <= +3$	II	2	2. Aktion

Tabelle 3: Äquivalenzklassen (ungültig)

Wertebereich	Klasse	Repräsentant	Aktion
$X > +3$	III	5	Fehler
$X < -3$	IV	-5	Fehler
Keine Zahl	V	„t"	Fehler

Dieses Beispiel zeigt nur die Klassen eines Eingabefelds. Diese Vorgehensweise muss für jedes Eingabefeld im Produkt wiederholt werden.

Nach dem Erstellen der Klassen folgt als nächster Schritt die Konstruktion der Testfälle. Die gültigen Testfälle werden aufgebaut, indem man Repräsentanten aus gültigen Äquivalenzklassen miteinander kombiniert, wohingegen bei ungültigen Testfällen nur ein Repräsentant aus einer ungültigen Äquivalenzklasse mit Repräsentanten aus den gültigen Klassen kombiniert werden darf. Sonst gibt es mehr als einen Grund einen Fehler auszuwerfen, wo der Fehler aber nicht direkt zu erkennen ist.

Die Grenzwertanalyse wird zusammen mit der Äquivalenzklassenmethode genutzt. Die Fehlerwirkungen kommen meistens an den Grenzen der Klassen vor. Deswegen ist es notwendig, diese Grenzen ebenfalls zu testen. Das optimale Ergebnis erreicht man, wenn sowohl die Grenze – also der Grenzwert – als auch beide ihrer benachbarten Werte getestet werden. Für die Klasse I unseres Beispiels brauchen wir die Repräsentanten *-2, -3, -4* sowie *0 und +1*.

Würde der Entwickler zum Beispiel das Gleichheitszeichen im Term *-3 <= X < 0* (Klasse I) vergessen, dann würde der Testfall mit dem Repräsentanten *-3* auf einen Fehler laufen und nicht – wie erwartet – auf die *1. Aktion*. Auf diese Weise wird eine Abweichung zur Spezifikation entdeckt und der Entwickler kann, nachdem er davon in Kenntnis gesetzt wird, sie beheben.

Wenn dann beim Regressionstest keine weiteren Fehler mehr vorkommen, funktioniert die Software richtig.

Die zustandsbezogenen Tests ermitteln die inneren Zustände der Software. Während des Testens sollte jede einzelne Funktion mit jedem möglichen Zustand durchgeführt werden. Zum Beispiel hat ein Datencontainer drei Zustände: leer, gefüllt, voll.

Die Ausführung verschiedener Funktionen hängt vom Zustand des Containers ab. Es ist nicht möglich, Dinge aus einem leeren Container zu entfernen. Deshalb ist es notwendig, diese Funktionen im Auge zu behalten. Des Weiteren sollte jeder Zustandsübergang getestet werden. Für dieses Beispiel existieren die folgenden Übergänge:

Leer   – gefüllt

Gefüllt   – leer

Gefüllt   – voll

Voll   – gefüllt

Voll   – leer

Leer   – voll

Die oben genannten Methoden ziehen nur die möglichen Eingabedaten in Betracht, wohingegen die Analyse von Ursache und Wirkung die Abhängigkeiten der Eingabedaten beschreibt.

Wenn das Login nicht korrekt ist, darf der Nutzer Einstellungen nicht verändern. Wenn das vom Nutzer eingegebene Passwort zum dritten Mal falsch ist, wird das Konto gesperrt.

Um Testfälle zu generieren, werden diese Verbindungen in einem Diagramm oder einer Tabelle zusammengestellt.

Wie bereits erwähnt, ist das Testendekriterium für diese Methoden der Prozentsatz der ausgeführten Testfälle, verglichen mit der tatsächlichen Anzahl von Testfällen.

1.3.3 Statischer Test

Während der White Box und der Black Box Test zu den dynamischen Testmethoden gehören, bestehen die statischen Tests aus verschiedenen Arten von Reviews und statischen Analysen.

Reviews sind manuelle, strukturierte Tests von Testdokumenten und dem Quellcode. Statische Analysen bestehen unter anderem aus der Kalkulation von Kennzahlen, um fehleranfällige und schwierige Teile (Klassen, Module usw.) sowie Risikobereiche zu identifizieren.

Während für Durchführung von dynamischen Tests die Ausführung der Software Voraussetzung ist, werden bei den statischen Tests die Dokumente analysiert und diskutiert.

1.3.4 Nicht-funktionale Tests

Der nicht-funktionale Test beinhaltet die Ermittlung von Kennzahlen, um die Qualität des Produkts zu testen und zu verifizieren. Die folgenden Kriterien gilt es dabei abzuprüfen [11]:

- – Zuverlässigkeit
- – Benutzbarkeit
- – Effizienz
- – Änderbarkeit und
- – Übertragbarkeit.

1.4 Testwerkzeuge

1.4.1 Management

Die Nutzung von Management-Werkzeugen ermöglicht, Testfälle zu erfassen, zu verwalten und ihnen Priorität zuzuordnen. Darüber hinaus liefern diese Werkzeuge eine Übersicht aller Testfälle im Projekt inklusive deren aktuellen Status. Der Status zeigt an, ob der Testfall erfolgreich durchgeführt wurde. Diese Werkzeuge werden in folgende drei Klassen eingeteilt.

1. Das *Anforderungsmanagement* verwaltet die Produktspezifikation.

2. Das *Fehlermanagement* speichert Informationen zu den Fehlern – ob sie schon korrigiert sind, gegenwärtig bearbeitet werden oder der Regressionstest ansteht. Außerdem werden die Person, die den Fehler identifiziert, und der Entwickler, der für die Korrektur verantwortlich ist, angezeigt.

3. Das *Konfigurationsmanagement* verwaltet die verschiedenen Versionen/Releases der Software.

Um optimale Ergebnisse zu erzielen, sollten die genannten Werkzeuge während des Tests gemeinsam eingesetzt werden. So zeigt das Anforderungsmanagement, welche Anforderungen bereits verifiziert sind. Die Fehler werden von ihrem Auftreten bis zum Regressionstest verwaltet. Das Konfigurationsmanagement liefert jede historische Veränderung des Quellcodes.

1.4.2 Test-Daten

Die Erstellung von Testdaten basiert auf verschiedenen Methoden:

- Die *Datenbank basierende Methode* definiert Filter, um die notwendigen Daten zu bekommen.

- Die *Schnittstellen basierende Methode* ermittelt den Definitionsbereich der Schnittstellenparameter und nutzt die Äquivalenzklassenmethode und Grenzwertanalyse, um Testdaten zu generieren.

- Die *Spezifikation basierende Methode* basiert auf einer Modellierungssprache (zum Beispiel UML-Unified Modelling Language), in der die Spezifikation geschrieben ist.

Diese Werkzeuge dienen nur zur Generierung von Testdaten. Die Priorisierung der Testfälle muss manuell erfolgen.

1.4.3 Statische Tests

Die statischen Testwerkzeuge unterstützen den Reviewprozess, indem sie Dokumente, Kommentare und Ergebnisse verwalten. Werkzeuge zur statischen Analyse bieten Funktionen zur Kalkulation von Kennzahlen, um den Quellcode in Abhängigkeit von Risiko, Fehleranfälligkeit und Komplexität zu evaluieren.

1.4.4 Dynamische Tests

Der Debugger erlaubt es, den Quellcode Zeile für Zeile zu analysieren. Außerdem können während des Debuggingprozesses Parameter und Variable eingestellt werden. Deshalb ist es möglich, Zustände herzustellen, die während des normalen Modus der Software kaum erreichbar sind.

Werkzeuge zur Herstellung eines Testrahmens beachten die Schnittstellenparameter. Diese Werkzeuge bauen Treiber und Platzhalter, die für die Ausführung der Software notwendig sind, indem sie diese Schnittstelleninformationen nutzen. Für die Programmierung von Transaktionen für die SAP Umgebung wird die Programmiersprache ABAP verwendet. Die ABAP Testeinheit wird in die ABAP Workbench integriert, was die Erstellung eines Testrahmens erlaubt.

Software, die nicht unter realistischen Bedingungen getestet werden kann, kann von einem Simulator getestet werden, der diesen Zustand vortäuschen kann. Zum Beispiel sollte Software zur Lenkung eines Flugzeugs nicht während eines wirklichen Flugs getestet werden. Für diesen Fall produziert ein Simulator die gleichen Zustände und stellt die Parameter so ein, als wäre man in der Luft.

Ein Testroboter, auch unter der Bezeichnung Capture-and-Replay-Werkzeug bekannt, zeichnet die Ausführung des Produkts auf, während er Tastatur- und

Mauseingaben notiert. Die Aufzeichnung wird unter Benutzung einer Programmiersprache in einem Skript gespeichert. Das Skript wird parametrisiert, was das automatische Testen ermöglicht.

Vergleichswerkzeuge werden benutzt, um erwartete Ergebnisse einer Software mit den tatsächlichen Ergebnissen zu vergleichen. Sie sind meistens auch in einem Testroboter enthalten.

Außerdem gibt es Werkzeuge zur dynamischen Analyse. Sie beobachten den inneren Zustand der Software, zum Beispiel den Speicher, der benutzt wird.

1.4.5 Nicht-funktionale Tests

Nicht-funktionale Testwerkzeuge generieren Zugriffe auf Datenbanken und Anfragen zum Testen der Performance. Die Datensicherheit wird mit Hilfe von Firewall- und Antivirus-Testwerkzeugen getestet.

2 SAP Deposit Management

2.1 Vorbemerkungen

Dieses Kapitel soll einen kurzen Einblick in die Anwendung von SAP Deposit Management geben. Es erhebt keinen Anspruch auf Vollständigkeit oder Ausführlichkeit. Es dient lediglich dazu, einen kurzen Einblick zu geben.

2.2 Einführung

SAP ist ein Softwareunternehmen, das sich auf Software für kleine, mittlere und große Unternehmen spezialisiert hat, die Zugriff auf Geschäftsdaten, wie Kundenaufträge, Rechnungen und Auslastung, benötigen. Die SAP Software basiert auf der Programmiersprache ABAP, was „**A**llgemeiner **B**erichts-**A**nwendungs-**P**rozessor" bedeutet hat. Der Weiterentwicklung der Programmiersprache folgte auch eine Umbenennung, heute steht ABAP für „**A**dvanced **B**usiness **A**pplication **P**rogramming".

ABAP ist eine Entwicklungssprache der 4. Generation (4GL), die die Vereinfachung der Softwareentwicklung für bestimmte Teile der Software beinhaltet. Die Hauptziele der Entwicklungssprache der 4. Generation (4GL) sind, die Komplexität des Entwickelns zu verringern und die Wartbarkeit sowie die Erweiterbarkeit [I2] zu verbessern.

Besonderheiten von ABAP:

– Open SQL ist integriert. Dies ermöglicht den Zugriff auf SQL Datenbanken.
– Interne Tabellen zum Speichern und Schreiben von Massendaten.
– Mehrere User haben gleichzeitig Zugriff auf die Datenbanken.
– Andere Programmierumgebungen können genutzt werden.
– Schnittstelle zu XML.

Das folgende Beispiel zeigt ein Programm, dass in der Programmiersprache ABAP geschrieben ist. Es erfordert die Eingabe von zwei Parametern: „Name" und „Straße".

Nach Eingabe und Bestätigung sollen die Ergebnisse am Bildschirm angezeigt werden.

```
REPORT Z_ABAP_EXAMPLE.

PARAMETERS:
name(15) TYPE c OBLIGATORY,
street(15) TYPE c OBLIGATORY.

TYPES:
BEGIN OF str_person,
  str_name(40) TYPE c,
  str_street(40) TYPE c,
END OF str_person.

DATA:
  tab_person TYPE STANDARD TABLE OF str_person,
  1_person TYPE str_person.

1_person-str_name = name.
1_person-str_street = street.

APPEND 1_person TO tab_person.

WRITE: 1_person-str_name, 1_person-str_street.
```

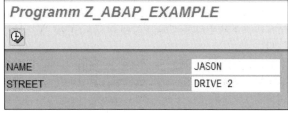

© 2009 SAP AG

Abbildung 1: Z_ABAP_EXAMPLE – Input Parameter

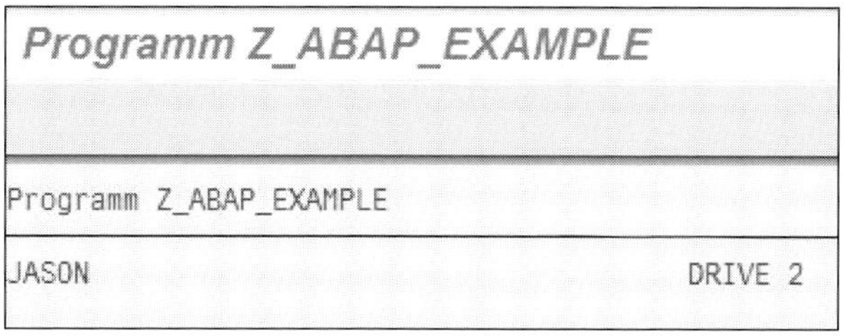

```
Programm Z_ABAP_EXAMPLE


Programm Z_ABAP_EXAMPLE

JASON                              DRIVE 2
```

© 2009 SAP AG

Abbildung 2: Z_ABAP_EXAMPLE – Output Parameter

SAP Deposit Management (SAP DM) ist ein Core Banking System. Core Banking Software reflektiert die grundlegenden Aufgaben im Banking für Konto- und Kartenmanagement, das heißt alle Aufgaben bezüglich Kontoführung, Buchungen, Transaktionen und Kontoauszüge. Darüber hinaus können auch Debit-Kreditkarten in einem Core Banking System verwaltet werden.

SAP DM ist eine Buchhaltungssoftware, die für Banken mit einer hohen Anzahl von Konten und Transaktionen spezialisiert ist, also für das so genannte Massengeschäft ausgelegt ist. Ein großer Vorteil ist der integrierte Produktgenerator. Er ermöglicht, neue Produkte zu entwickeln, ohne in den Programmiercode einzugreifen.

SAP Deposit Management besteht aus vier Komponenten:

- Master Contract Management (MCM)
- Account Management (FS-AM)
- Posting Control Office (FS-PCO-AM)
- Financial Services Business Partner in FS-AM (FS-BP).

2.3 Master Contract Management (Rahmenvertragsverwaltung)

Diese Anwendungskomponente bündelt Verträge in Rahmenverträgen und stellt spezielle Prozesse und Funktionen für diese Rahmenverträge zur Verfügung. Man kann damit zum Beispiel einen Überziehungsschutz oder eine Verteilung von Zahlungen von einem einzigen Konto des Rahmenvertrages auf die Teilnehmerverträge durchführen. Außerdem ermöglichen Rahmenverträge das Setzen von Attributen wie Limit oder Finanzkonditionen.

Overdraft protection (Überziehungsschutz): Man kann in Abhängigkeit bestimmter Kriterien die Überziehung eines Kontos zulassen oder verhindern. Wenn der verfügbare Betrag auf einem Girokonto am Ende eines Buchungstages nicht ausreicht, um alle während des Buchungstages eingegangenen Sollbuchungen auszuführen, werden die rückgebbaren Zahlungsposten zurückgegeben. Dies kann zum Beispiel zur Rückgabe von Schecks oder Lastschriften führen. Zusätzlich fallen für die Rückgabe unter Umständen Gebühren an. Möglicherweise wäre jedoch auf einem anderen Girokonto desselben Kontoinhabers noch ein verfügbarer Betrag vorhanden, der ausreichen würde, um die Buchung auszuführen. Darüber hinaus könnte derselbe Kontoinhaber noch über weitere Konten verfügen, die ebenfalls herangezogen werden könnten. Damit die Buchung in einem solchen Fall trotzdem ausgeführt werden kann, bietet der Überziehungsschutz die Möglichkeit, produkt- oder kontoabhängig zu steuern, von welchen anderen Konten und in welcher Reihenfolge Geldmittel auf das unzureichend gedeckte Girokonto umgebucht werden können.

Innerhalb der Funktion Überziehungsschutz wird das Konto, auf das ein Geldbetrag von einem oder mehreren anderen Konten transferiert wird, als Mittel empfangendes Konto bezeichnet. Die Konten, von denen der Geldbetrag auf das Mittel empfangende Konto transferiert wird, werden als Mittel gebende Konten bezeichnet.

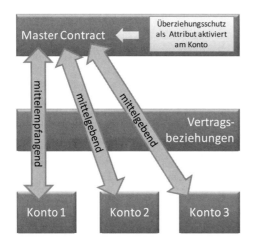

Abbildung 3: Überziehungsschutz [I3]

Payment distribution and monitoring (Verteilung und Überwachung von Zahlungen): Es ist möglich, Regeln und Abfragen für Ein- und Auszahlungen aufzustellen bzw. anzulegen.

Combined settlement (Verbundabschluss): Verbundabschlüsse werden zum Zweck von Rahmenvertragsabschlüssen durchgeführt. Sie können einen entsprechenden Abschlussrhythmus (Periodizität) für alle Rahmenverträge eines Produkts oder individuell am Rahmenvertrag haben.

2.4 Account Management (Kontoverwaltung)

Das Account Management ist eine zentrale Applikation innerhalb des SAP DM. Dem Account Management obliegt die Führung und Abwicklung des juristischen Bestandes. Er gibt Auskunft über die Forderungen und Verbindlichkeiten der Bank gegenüber Dritten. Im Account Management werden die Konten, die Salden und die Zahlungsposten geführt. Die Salden und Umsatzposten werden währungsrein, das heißt unbewertet gehalten. Der Bestand ist die Grundlage für die externe Rechnungslegung, das heißt, dass die hier gehaltenen Vertrags- und Umsatzdaten die Datenbasis für die Bilanzerstellung bilden. In der Abwicklung finden im Account Management insbesondere der Zinsabschluss und die Gebührenrechnung der Konten statt. Darüber hinaus werden auch Debit- und Kreditkarten verwaltet, da der Workflow ähnlich mit der Verwaltung der Kundenkonten ist.

2.5 Posting Control Office (DispoOffice)

Diese Komponente dient zur Unterstützung der rationellen Abwicklung des Massenzahlungsverkehrs im Account Management. Das Posting Control Office (DispoOffice) übernimmt die manuelle und maschinelle Weiterverarbeitung, wenn das Account Management bei der Buchung von Zahlungsposten Buchungshindernisse, wie zum Beispiel mangelnde Deckung, Geschäftspartnersperren, Zahlungsverkehrsvordrucksperren, Buchungssperren, Fehler beim Kontonummer-Namens-Vergleich, fehlende oder abweichende Abbuchungsaufträge oder Valutenabweichungen, festgestellt hat. Im DispoOffice werden darüber hinaus auch Vornotizen berücksichtigt, deren Anlage zu mangelnder Deckung führt.

Das DispoOffice bietet darüber hinaus sowohl die Möglichkeit einer maschinellen Wiedervorlage und Endbearbeitung von Dispo-Aufträgen (zum Beispiel, wenn wieder eine ausreichende Deckung vorhanden ist) als auch die Möglichkeit einer manuellen Bearbeitung von Dispo-Aufträgen.

2.6 Financial Services Business Partner

Der SAP Geschäftspartner für Financial Services ist die Applikation zur Speicherung und Verwaltung sämtlicher Kundeninformationen (Geschäftspartner). Die Bearbeitung von Geschäftspartner kann sowohl über seine Oberfläche als auch über definierte Schnittstellen vorgenommen werden.

Zu den wichtigsten Geschäftspartnerdaten zählen unter anderem:

- – Name und Anschrift des Geschäftspartners

- ergänzende Daten in Abhängigkeit des Geschäftspartnertyps (zum Beispiel Geburtsdatum, Rechtsform) für alle Applikationsbereiche (zum Beispiel Branchenschlüssel für Marketingselektionen oder Meldewesen)
- Beziehungen (zum Beispiel Kreditnehmereinheiten, Konzernstrukturen)
- Geschäftspartnerrollen
- Legitimationsdaten und weitere Partnernummern
- Bonitätsdaten/Daten von Auskunfteien/Scoring-Ergebnisse
- Daten der Haushaltsrechnung oder Bilanzanalysen
- Gesamtengagement.

2.7 Grundlegende Prinzipien von SAP DM

2.7.1 Geschäftspartner

Während der Anlage eines neuen Geschäftspartners ist es erforderlich zu definieren, ob es sich um eine Person, Organisation oder Gruppe handelt. In Abhängigkeit dieser Ausprägungen unterscheiden sich die Eingabedaten. Bei einer Person ist das Geburtsdatum wichtig, bei einer Organisation die Rechtsform.

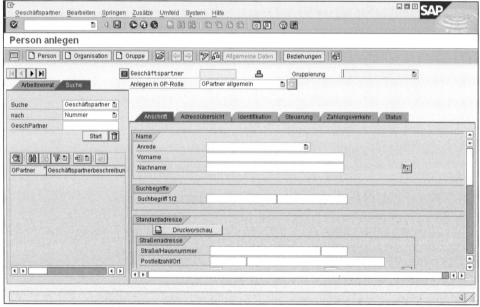

© 2009 SAP AG

Abbildung 4: Geschäftspartner

Darüber hinaus hat man die Möglichkeit, verschiedene Adressen zu einem Geschäftspartner anzulegen. Aber eine von diesen Adressen ist als Standardadresse zu definieren. Es ist möglich, verschiedenen Adressen unterschiedliche Funktionen im Unternehmen zuzuweisen, beispielsweise erhält die Vertriebsabteilung eine Adresse und die Personalabteilung eine andere. Manchmal macht es auch Sinn, mit zeitlich begrenzt gültigen Adressen zu arbeiten.

Die Adressen können plausibilisiert werden durch externe Funktionen, die durch Nutzung von BAPIs integriert werden. Man könnte damit die Überprüfung der Postleitzahl und des Ortes durchführen oder auch die Postleitzahl automatisch einfügen, nachdem der Ort eingegeben wurde.

Das Rollenkonzept bestimmt, welche Rolle zu welchem spezifischen Geschäftspartner gehört.

Einige Beispiele für Rollen:

- Privatkunde (Bank Costumer – Private)
- Korrespondenzempfänger (Correspondence Recipient)
- Autorisierter Karteninhaber (Authorized Card Holder)
- Kontaktperson (Contact Person)
- Interessent (Prospect)
- Mitarbeiter (Employee)
- Internet Nutzer (Internet User).

Die Erstellung von Rollen ist nicht limitiert und jeder Geschäftspartner kann mehrere Rollen zugewiesen bekommen (aber jede Rolle nur einmal). Die Rolle Privatkunde ist die Voraussetzung, um ein Konto anzulegen. Gleichzeitig kann die gleiche Person auch Korrespondenzempfänger sein.

Es ist auch möglich, Beziehungen zwischen Geschäftspartnern darzustellen. Zum Beispiel:

Der Geschäftspartner …

- ist eine Kontaktperson von …
- ist verheiratet mit …
- gehört zur Eigentümergemeinschaft …

Das Customizing des Geschäftspartners erlaubt die Konfiguration und Erstellung von neuen Beziehungen für die unterschiedlichsten Geschäftspartnertypen.

2.7.2 Vertrag

Der Geschäftspartner ist über das Rollenkonzept mit dem Vertragsmodul verknüpft. Eine Vertragsart ist zum Beispiel die Eröffnung eines Kontos. Dazu ist die Rolle „Privatkunde" eine Voraussetzung für die Eröffnung eines Kontos. Lediglich für Geschäftspartner mit der Rolle „Interessent" ist es nicht möglich, Konten zu eröffnen. Das Rollenkonzept ist die Verbindung zwischen Geschäftspartner und Vertragsmodul. Ein einzelner Vertrag beinhaltet Produkte, zum Beispiel ein Girokonto für eine Person oder ein Unternehmen. Der Geschäftspartner ist dem Vertrag zugewiesen. Um einen neuen Vertrag anzulegen, sind die folgenden Schritte durchzuführen:

- Auswahl eines Produkts
- Datum Vertragsbeginn
- Verantwortliche Bank/Filiale
- Vereinbarter Geschäftspartner
- Kontonummer (hängt vom Bankland, BLZ etc. ab).

Durch das Customizing können das Layout der Maske und die angezeigten Felder angepasst werden.

Es gibt verschiedene Grunddaten für die Beschreibung bzw. Identifizierung eines Vertrags, wie zum Beispiel Bankleitzahl und Kontonummer. Allgemeine Informationen, wie die Vertragswährung und der Vertragsstatus, gehören ebenfalls zu den Grunddaten. Das Vertragsmodul ermöglicht, auch Notizen in Textfeldern abzuspeichern. Darüber hinaus können auch speziell autorisierte Geschäftspartner zu einem Vertrag ergänzt werden, wenn zum Beispiel der Kontoinhaber nicht gleichzeitig der Korrespondenzempfänger ist. Dann muss auch ein Geschäftspartner mit der Rolle Korrespondenzempfänger ergänzt werden.

Änderungen am Vertrag werden protokolliert. Außerdem können Vertragsdaten zu jedem zukünftigen oder vergangenen Datum angezeigt und simuliert werden. Die Daten werden dann so angezeigt, wie sie zum angegebenen Datum sein würden.

Es gibt zwei Arten von Limiten, die am Vertrag gesetzt werden können. Das eine Limit ist das so genannte vereinbarte Limit und das andere das geduldete Limit. Das vereinbarte Limit bezieht sich auf das landläufig bekannte Dispolimit eines Kontos, wohingegen das geduldete Limit sich auf einen zusätzlich Betrag bezieht, der additiv hinzugerechnet wird. Damit wäre der maximale Betrag, mit dem ein Konto überzogen werden könnte, vereinbartes Limit plus geduldetes Limit. Dies wird dem Kunden aber nicht mitgeteilt. Der Kunde kennt lediglich das vereinbarte Limit. Das geduldete Limit hilft der Bank, damit nicht gleich jede Zahlung, die um 1 Cent das vereinbarte Limit überschreitet, abgewiesen wird.

Diese Konditionen sind direkt am Vertrag verankert auf Basis des Kontoprodukts. Standardkonditionen werden in Gruppen definiert und Produkten zugewiesen. Wird ein neuer Vertrag eröffnet, bekommt dieser Vertrag zunächst die Standardkonditionen des zugehörenden Produkts zugewiesen. Individualkonditionen werden direkt am Vertrag gesetzt, in dem die zugewiesenen Standardkonditionen speziell für diesen Vertrag manuell angepasst werden. Individualkonditionen können auch zeitlich befristet werden. Nach Ablauf gelten dann wieder die Standardkonditionen.

Des Weiteren ist die Steuerung der Korrespondenz auch Teil des Vertragsmoduls. Es ermöglicht unter anderem die periodische Generierung von Kontoauszügen.

2.7.3 Zahlungstransaktionen

Die Basis der Zahlungstransaktionen bilden die Zahlungsaufträge (payment orders) bzw. die Überweisungen. Eine Überweisung ist ein Auftrag für eine Bank, eine Zahlung auszuführen, die aus zwei Zahlungsposten (payment items) besteht. Ein Zahlungsposten ist definiert als Umsatz, entweder Soll oder Haben.

Jeder Posten hat Informationen darüber, wie er gebucht wurde, wie der Kunde den Auftrag an die Bank übermittel hat (Medium) und auch der Weg der Zahlung.

© 2009 SAP AG

Abbildung 5: Create Payment Order

Als Medium könnte Internet, Telefon gemeint sein oder auch ATM (Automated Teller Machine), also der Geldautomat, wenn der Kunde die Transaktion am Geldautomaten ausgeführt hat. Der Weg der Zahlung könnte DTA (Datenträgeraustausch-Verfahren), SWIFT oder bankintern sein.

Folgende Funktionen sind bei der Bearbeitung von Zahlungsposten möglich:

- Buchung: Buchung eines Postens, ohne dass ein Fehler aufgetreten ist.
- Löschung: Die Löschung eines Postens ist nur dann möglich, wenn er noch nicht gebucht wurde.
- Freigabe: Durch Customizing wird ermöglicht, dass Posten, die einen definierten Betrag übersteigen, im 4-Augen-Prinzip freigegeben werden müssen.
- Nachbearbeitung: Der Posten konnte nicht gebucht werden. Daher wird eine Nachbearbeitung erforderlich.
- Storno (Reverse)
- Rückgabe (Return).

Es gibt drei Arten von Zahlungsaufträgen: die Überweisung, die Terminüberweisung und der Dauerauftrag.

2.7.4 Produkt- und Auftragsmanagement

Ein Produkt bildet die Basis eines Vertrags. Es enthält Optionen, Werte und ob sie änderbar sind. Der Produkttyp (zum Beispiel Girokonto) hat Attribute, die für alle Produkte gelten, die zu diesem Produkttyp gehören. Daher ist der Produkttyp die höhere Klasse. Jedes Produkt dieses Produkttyps Girokonto hat die gleichen Attribute. Durch Konfiguration dieser Attribute kann man neue Produkte erstellen.

Jedes Attribut gehört exakt zu einer Attributkategorie, wobei folgende vom SAP System geliefert werden:

- *Gruppierungsattribute:* Attribute dieser Kategorie haben keine direkte Funktion. Sie dienen dazu, eine Attributhierarchie aufzubauen, die Attribute zu klassifizieren und sie Attributgruppen zuzuweisen.

- *Feld:* Dieses Attribut beschreibt ein sichtbares Feld am Konto. Man kann Default-Werte und die Feldart (Pflichtfeld, optionales Feld, sichtbares Feld, nicht sichtbares Feld) zuweisen. Beispielsweise kann man dem Feld Währung direkt EUR als Default-Wert zuweisen.

- *Eigenschaft (Feature):* Jedes Eigenschaftsattribut bedingt eine Funktion, die man aktiviert durch Zuweisung dieses Eigenschaftsattributs oder deaktiviert bei Nicht-Zuweisung. Beispiel hierzu sind die Bankauszüge oder Schecks.

- *Matrizen (Matrix):* Dieses Attribut bedingt zwei Werte, wie zum Beispiel die Durchführung von Zahlungstransaktionen. Die Durchführung besteht aus Transaktionstyp und Medium. Es gibt verschiedene Transaktionstypen (n) und Medien (m). Man kann jede Kombination von n * m einem Produkt zuweisen [I4].

Das integrierte Tool für die Erstellung neuer Produkte ermöglicht die Kreation einer beliebigen Anzahl von Attributen, eine beliebige Anzahl von neuen Produkten, das Design von unterschiedlichsten Produktversionen und eine schnelle Generierung und Implementierung von neuen Produkten.

Das Auftragsmanagement zeigt und verwaltet den Workflow, der bei Änderung eines Vertrags oder Produkts zum Tragen kommt.

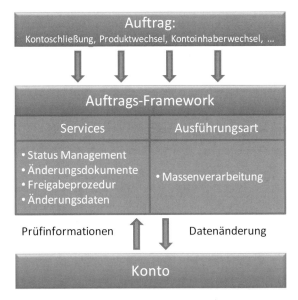

Abbildung 6: Auftragsmanagement (Order Management)

2.7.5 Kartenmanagement

Eine Karte ist eine spezielle Form eines Vertrags, die mit einem Geschäftspartner, einem Konto und den Konditionen zu diesem Konto verbunden ist. Es gibt zwei elementare Kartentypen:

- *Debitkarte:* Zahlungen, die mit einer solchen Karte durchgeführt werden, werden direkt dem Konto belastet. Die grundsätzlichen Funktionen liegen in der Nutzung des Geldautomaten, der Ausführung von elektronischen Zahlungen und dem Druck von Kontoauszügen.

- *Kreditkarte:* Zahlungen, die mit einer solchen Karte durchgeführt werden, werden gesammelt und zu einem bestimmten Zeitpunkt dem Konto belastet.

Die folgende Abbildung zeigt die in SAP DM angebotenen Funktionen für das Kartenmanagement.

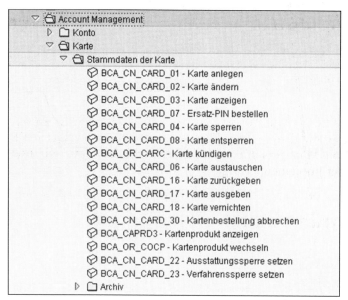

© 2009 SAP AG

Abbildung 7: SAP Menü – Card Master Data

3 SAP Solution Manager

3.1 Allgemeines

Der SAP Solution Manager ist eine zentrale Applikation, die der Implementierung, Überwachung und Optimierung dient. Dieses Kapitel beschreibt ausschließlich die Nutzung des SAP Solution Managers für Testzwecke. Somit bewegen wir uns überwiegend im Bereich der Implementierung.

3.2 Einrichten der Systemlandschaft

3.2.1 Remote Function Call (RFC) anlegen

Die Verbindung zum Prüfling wird mittels Remote Function Call erzeugt. Eine Verbindung muss bestehen und damit der Tester sich nicht bei jedem Testfall am System erneut anmelden muss, sollte eine trusted RFC (trusted/trusting Beziehung) erzeugt werden.

Abbildung 8: Trusted-Trusting-Verbindung

Die trusted/trusting Beziehung ist eine Verbindung zwischen dem Client (trusted System) und dem Server (trusting System). Der Tester braucht die Berechtigungsrolle S_RFCACL, S_RFC_TT im trusting System.

Die Transaktion (TA) SM59 ermöglicht die Einrichtung des RFC. Der Aufruf einer Transaktion kann über die Befehlszeile erfolgen. Soll diese von dem Startmenü des SAP Systems erfolgen, reicht die Eingabe des Transaktionscodes.

© 2009 SAP AG

Abbildung 9: SAP Befehlszeile

Sollte bereits eine Transaktion geöffnet sein, kann auch die Befehlszeile genutzt werden. Es ist aber zu unterscheiden, ob die Transaktion in einer neuen Session geöffnet werden soll, dann muss dem Transaktionscode /o vorgestellt werden. Soll sie in der bereits geöffneten Session ausgeführt werden, muss /n vorgestellt werden.

© 2009 SAP AG

Abbildung 10: SAP Befehlszeile /o und /n

Es folgt eine Anleitung um die RFC-Verbindung herzustellen:

Schritt 1:

Die Transaktion SM59 wird von dem trusting System (dem Server) aus aufgerufen. Es erscheint die folgende Maske.

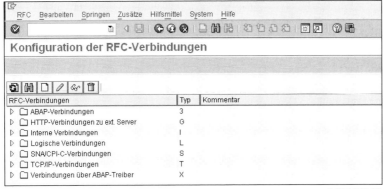

© 2009 SAP AG

Abbildung 11: RFC-Konfiguration

Ein Klick auf das Symbol ⬜ erzeugt eine neue Verbindung.

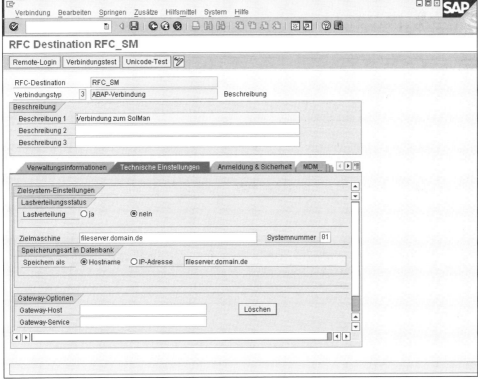

© 2009 SAP AG

Abbildung 12: Remote Function Call

Die Felder Name des Zielsystems, die Verbindungsart (in unserem Fall Type 3) und eine kurze Beschreibung der Verbindung müssen eingegeben werden.

Im vordersten Reiter (technische Einstellungen) werden Informationen bezüglich des trusted Systems eingegeben. Der Reiter „Anmeldung & Sicherheit" enthält Sicherheitsoptionen, die wie in der Grafik eingestellt werden sollten. Des Weiteren werden die Login Daten (Abbildung 13) benötigt. Man beachte dabei die Login Daten vom trusted System. Die Fragen, die dahinter stehen, sind:

- – Von welchem Mandanten wird zugegriffen?
- – Von welchem User?
- – Mit welchem Passwort?

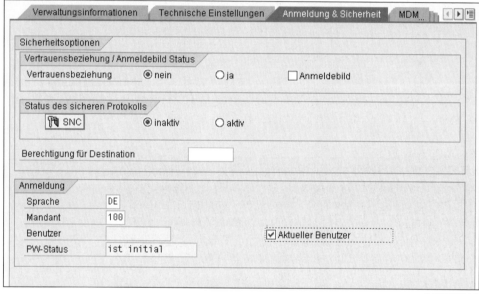

© 2009 SAP AG

Abbildung 13: RFC – Reiter Anmeldung/Sicherheit

Anschließend werden die Einstellungen gespeichert .

Schritt 2:

Die Transaktion SMT1 wird aufgerufen. Es erscheint eine Maske mit den vorhandenen Systemen.

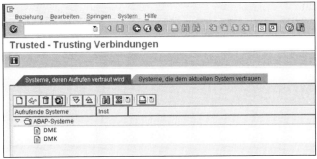

© 2009 SAP AG

Abbildung 14: Transaktion SMT1

Mit Klick auf das Symbol 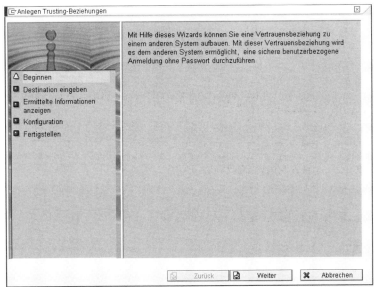 wird ein neues trusted System angelegt. Es öffnet sich der Wizard, der den Anwender durch die Anlage führt.

© 2009 SAP AG

Abbildung 15: Wizard für Anlage trusting Beziehung

Der Name, der in Schritt 1 erzeugten Verbindung (RFC_SM) ist anzugeben.

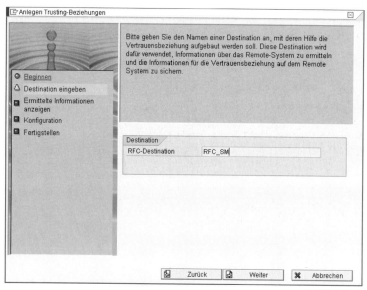

© 2009 SAP AG

Abbildung 16: Angabe Name der RFC-Verbindung

Nach dem die Eingabe durch einen Klick auf „Weiter" bestätigt wurde, werden Daten zwischen den Systemen übermittelt und angezeigt.

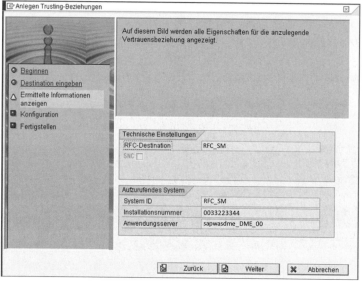

© 2009 SAP AG

Abbildung 17: Trusted System

Eine RFC-Verbindung wurde eingerichtet und es besteht die Möglichkeit, ein Zeitfenster zu erzeugen, in dem die Nutzung des RFC geduldet wird.

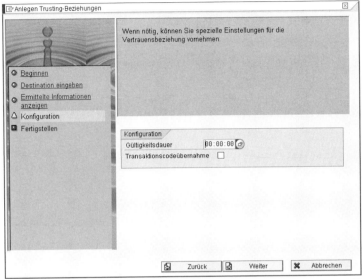

© 2009 SAP AG

Abbildung 18: Zeitfenster

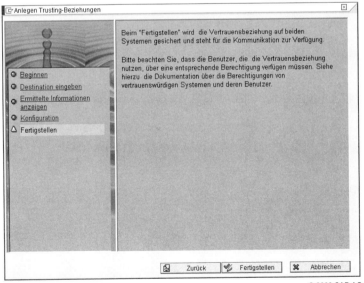

© 2009 SAP AG

Abbildung 19: Abschluss Anlage RFC-Verbidnung

Bei der standardmäßigen Eingabe von „00:00:00" besteht keine Zeitbegrenzung für den Zugriff.

Schritt 3:

Nun muss noch eine Verbindung von dem trusted System eingerichtet werden. Dazu ist es notwendig, in diesem eingeloggt zu sein. Anschließend wird Schritt 1 ausgeführt, allerdings mit den entsprechenden Daten des trusting Systems. Des Weiteren wird auf dem zweiten Reiter „Anmeldung/Sicherheit" die Sicherheitsoption „Trusted System" auf YES geändert.

Die Mandanten-Nummer des trusting Systems muss noch eingegeben werden. Nach dem Speichern steht der RFC zur Verwendung bereit.

3.2.2 System anlegen

Die SAP Solution-Manager-Systemlandschaft erreicht man über den Transaktionscode SMSY. Die Pflege der Systemlandschaft ermöglicht es, direkt aus dem SAP Solution Manager heraus in die zu testenden Transaktionen zu springen. Im Folgenden wird kurz beschrieben, wie die Systemlandschaft eingerichtet werden kann, damit sie den Testzwecken genügt.

Zu beachten ist dabei, dass die Beschreibungen nur einen kurzen Überblick darstellen.

© 2009 SAP AG

Abbildung 2\ : Systemlandschaft

Um dies zu realisieren, wird zunächst ein System benötigt. In unserem Fall entspricht dies dem Prüfling, also dem System, das getestet werden soll.

Dazu wählen wir die Schaltfläche „Landschaftskomponenten" und anschließend „Systeme". Durch das Klicken der rechten Maustaste auf einen Eintrag kann über das Kontextmenü „Neues System anlegen" gewählt werden.

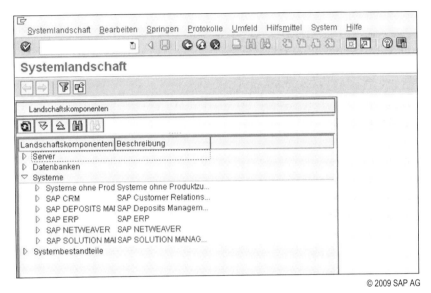

© 2009 SAP AG

Abbildung 21 System

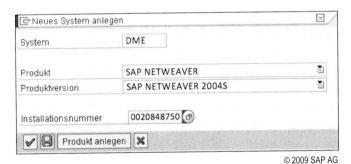

© 2009 SAP AG

Abbildung 22: Neues System anlegen

– Die Eintragung im Feld „System" muss der Systembezeichnung genügen.

– Das Produkt und die dazugehörige Produktversion können über die Auswahlfelder ermittelt werden.

– Die Installationsnummer finden Sie im entsprechenden System unter dem Menü „System: Status".

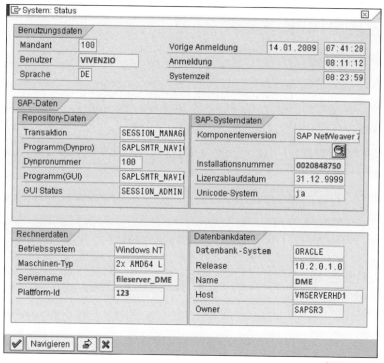

© 2009 SAP AG

Abbildung 23: Installationsnummer

Das System wird in die Landschaft eingebunden und ermöglicht unter dem Reiter „Mandanten" das Eintragen jener, die für den Test relevant sind. Hier wird sehr gut deutlich, dass der SAP Solution Manager ein komplettes Toolset für die Implementierung von Softwareprodukten ist. So findet man im Auswahlfeld „Rolle" zum Beispiel die Einträge:

- Produktiv
- Test
- Customizing
- Demo

© 2009 SAP AG

Abbildung 24: System – Mandanten

Neben der Rolle ist es notwendig, den jeweiligen Mandanten die dazugehörigen RFC-Verbindungen zuzuweisen. Das Einrichten eines solchen Remote Function Calls (RFC) wurde bereits am Anfang dieses Kapitels beschrieben. Markieren Sie den Mandanten, der eine RFC-Verbindung zugewiesen bekommen soll, und klicken Sie auf das Symbol 🖧 RFC .

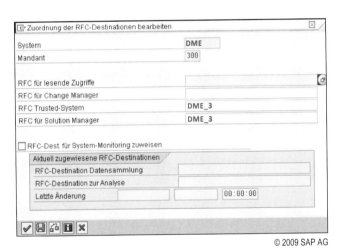

© 2009 SAP AG

Abbildung 25: RFC – Zuordnung

Je nachdem können verschiedene RFC-Verbindungen auf verschiedene Zugriffs-rechte verweisen. Speichern der Zuordnung erfolgt durch Klick auf das Disketten-symbol.

3.2.3 Logische Komponente anlegen

Die logische Komponente verweist auf das oben erzeugte System, deren Mandanten und den zugehörigen RFC-Verbindungen. Die Schaltfläche „Systemgruppen und logische Komponenten" im linken Bereich des Fensters zeigt die bisher angelegten logischen Komponenten an.

Das Kontextmenü ermöglicht das Anlegen einer neuen logischen Komponente.

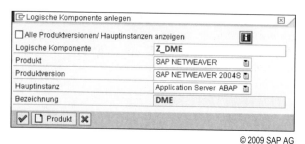

© 2009 SAP AG

Abbildung 26: Logische Komponente anlegen

Die Mandanten mit ihren Rollen werden dann über das jeweilige Auswahlfeld hinzugefügt.

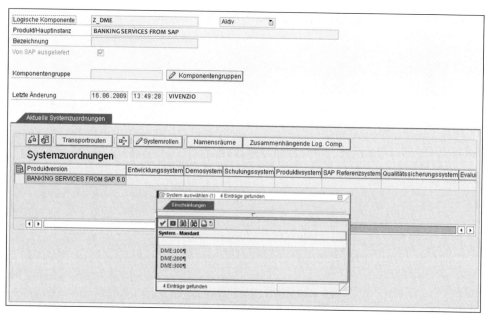

© 2009 SAP AG

Abbildung 27: Mandanten zuordnen

Für den Fall, dass noch kein System angelegt wurde, kann auch eine logische Komponente angelegt werden, ohne auf Mandanten zu verweisen. Diese können dann, nachdem das System in der Systemlandschaft erstellt wurde, nachgetragen werden. Die logische Komponente wird dann zu einem späteren Zeitpunkt einem Projekt zugeordnet und ermöglicht somit den direkten Absprung in das hinterlegte System.

3.2.4 Lösung anlegen

Eine Lösung dient der Überwachung von Systemen und Geschäftsprozessen. Eine Lösung wird über die Transaktion SOLUTION_MANAGER angelegt und die dazugehörigen Systeme in der Transaktion SMSY hinzugefügt.

© 2009 SAP AG

Abbildung 28: Transaktion: SOLUTION_MANAGER

Die Schaltfläche „Neu" öffnet die folgende Eingabemaske:

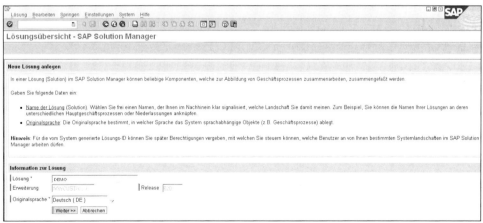

© 2009 SAP AG

Abbildung 29: Neue Lösung anlegen

Eingaben werden mit „Weiter" bestätigt und die Lösung ist somit angelegt. Jetzt müssen noch alle relevanten Systeme mittels deren logischer Komponenten in die Transaktion SMSY eingebunden werden.

Das Auswahlmenü öffnet sich durch einen Klick auf dieses Symbol ⊡.

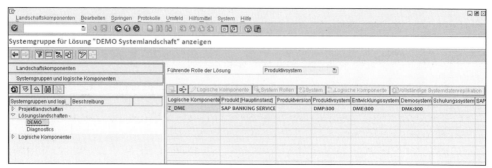

© 2009 SAP AG

Abbildung 30: Lösung – Systeme einbinden

3.3 Projekt anlegen

Die Anlage eines Projekts im SAP Solution Manager geschieht über die Transaktion SOLAR_PROJECT_ADMIN. Die Transaktion startet mit einer Übersicht der bestehenden Projekte, die mittels Doppelklick in dem Bearbeitungsmodus geöffnet werden können.

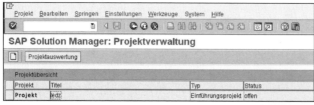

© 2009 SAP AG

Abbildung 31: Projektübersicht

Durch einen Klick auf das Symbol ⬚ wird ein neues Projekt erzeugt.

© 2009 SAP AG

Abbildung 32: Projekt anlegen

Es gibt verschiedene Projekttypen zu wählen:

- *Einführungsprojekt:* Geschäftsprozesse werden in eine SAP Landschaft eingeführt.
- *Vorlagenprojekt:* Das Projekt stellt Struktur und Dokumente für andere Projekte zur Verfügung.
- *Upgrade-Projekt:* Zusätzliche Funktionen oder aktuelle Versionen von Funktionen werden eingeführt.
- *Optimierungsprojekt:* Abläufe werden verbessert.
- *Safeguarding-Projekt:* Kritische Zustände werden aufgedeckt und Lösungen
organisiert.

In unserem Fall handelt es sich um ein Einführungsprojekt.

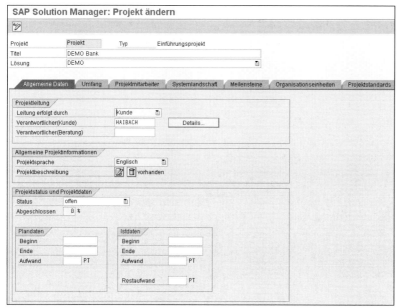

© 2009 SAP AG

Abbildung 33: Projekt

Der erste Reiter „Allgemeine Daten" bietet neben Verwaltungsdaten auch die Möglichkeit, eine Projektbeschreibung einzubinden.

Unter „Umfang" können Vorlagen, Roadmaps, Branchen und Länder eingebunden werden. Mit Hilfe dieser Einstellungen können auf bestehende Prozessstrukturen, branchenspezifische Strukturen sowie auf Anleitungen zugegriffen werden.

„Projektmitarbeiter" sollten in diesem Reiter hinzugefügt werden. Diese müssen aber vorab auch als Benutzer des Solution Managers registriert sein. Die Registrierung erfolgt über die Transaktion SU01.

Neben den Projektmitarbeitern können auch Partner und deren Ansprechpartner in einer separaten Liste erfasst werden.

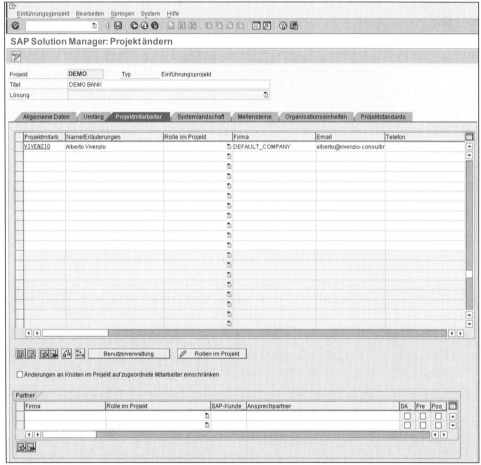

© 2009 SAP AG

Abbildung 34: Projektmitarbeiter

In dem Reiter „Systemlandschaft" werden nun die im oberen Teil erstellten logischen Komponenten eingebunden. Selbst wenn diese noch auf kein System verweisen, sollten sie als „Dummy" an dieser Stelle eingebunden werden. Die Systemdaten können nachgetragen werden, so dass der direkte Absprung in das Zielsystem ermöglicht wird.

© 2009 SAP AG

Abbildung 35: Projekt – Systemlandschaft

Des Weiteren können Meilensteine, Informationen zu Organisationseinheiten und Projektstandards (Dokumentationsarten, Statuswerte, Registerkarten, Stichwörter) in dem dazugehörigen Reiter eingefügt werden.

3.4 Blueprint eingeben

Nachdem ein Projekt erfolgreich angelegt wurde, kann der Blueprint (die Struktur) des Testprojekts erstellt werden. Dies geschieht in der Transaktion SOLAR01.

In unserem Fall handelt es sich um die zu testenden Prozesse, die implementiert werden sollen. Der Blueprint für das Demobank-Projekt sieht wie in Abbildung 36 aus.

Die Struktur spiegelt sich in Business Scenarios, Business Processes und Steps wider. Da in diesem vorab ausschließlich Standardtestfälle eingebunden wurden, wird die Ebene Steps nicht verwendet.

Zum Anlegen einer Struktur markieren Sie einen Knoten in der Baumstruktur am linken Rand und wechseln auf den Reiter „Struktur".

Nachdem die Eingaben gespeichert wurden, erscheint die aktuelle Baumstruktur im linken Bereich des Fensters.

Projektspezifische Dokumente sollten im Reiter „Projektdokumentation" eingebunden werden. Dort besteht die Möglichkeit, diese zu bearbeiten.

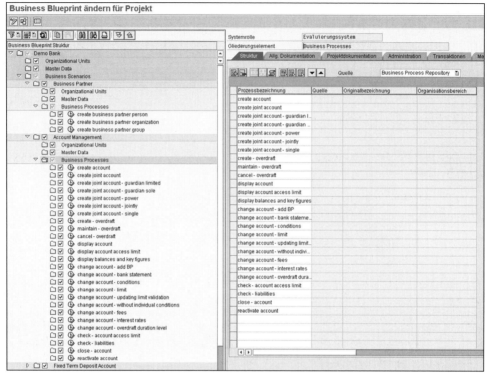

© 2009 SAP AG

Abbildung 36: Business Blueprint

3.5   Testfälle und Transaktionen zuordnen

3.5.1 Transaktionen

Die Struktur des Testprojekts ist festgelegt. Jetzt werden den Struktureinträgen
einerseits Testdokumente und andererseits Transaktionen für den Absprung zugeordnet. Dieses Ziel wird über die Transaktion SOLAR02 erreicht.

Zunächst markieren Sie den Eintrag, dem ein/e Transaktion/Testfall zugeordnet
werden soll, und wechseln auf den Reiter „Transaktion".

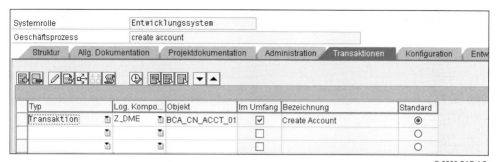

© 2009 SAP AG

Abbildung 37: Transaktion einbinden

Die Spalte „Typ" stellt eine Auswahl von Absprungmöglichkeiten zur Verfügung, zum Beispiel:

- – Programm (Programm oder Report)
- – Transaktion (Transaktionscode)
- – Web-Adresse oder Datei
- – Vordefinierte URL (angelegt im Objekt Navigator)
- – Web-Dynpro-Anwendung.

Wählen Sie „Transaktion" aus, durch Eingabe der logischen Komponente wird das Zielsystem bestimmt und die Spalte „Objekt" enthält den Transaktionscode.

Die Spalte „Standard" sollte angehakt werden, wenn diese Transaktion standardmäßig für dieses Objekt des Blueprints ausgeführt werden soll. Nachdem die Eintragungen gespeichert wurden, kann über das Symbol ⊕ in der Baumstruktur direkt zu der Transaktion navigiert werden. Die Transaktion öffnet sich in einer neuen Session.

```
▽ 🗀  Business Partner
      🗀  Organizational Units
      🗀  Master Data
   ▽ 🗀  Business Processes
         🗀 ⊕ create business partner person
         🗀 ⊕ create business partner organization
         🗀 ⊕ create business partner group
▽ 🗀  Account Management
      🗀  Organizational Units
      🗀  Master Data
   ▽ 🗀  Business Processes
         🗀 ⊕ create account
         🗀 ⊕ create joint account
```

© 2009 SAP AG

Abbildung 38: Baumstruktur

3.5.2 Testfälle

Wechseln Sie zu dem Reiter „Testfälle", um diese einzubinden.

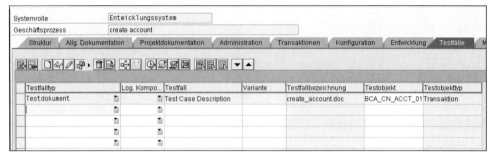

© 2009 SAP AG

Abbildung 39: Testfall einfügen

Die Spalte „Testfalltyp" verweist auf verschiedene Möglichkeiten:

- Testdokument (zum Beispiel MS-Word-Dokumente …)
- Manuelle Testfälle in SAPscript
- Externe Anwendungen
- Automatische Testfälle (eCATT oder Fremdsoftware)
- Funktionsbausteine.

Wählt man ein Testdokument, öffnet sich folgender Dialog und verweist auf verschiedene Optionen:

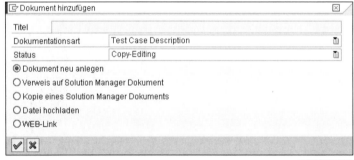

© 2009 SAP AG

Abbildung 40: Dokument hinzufügen

Der Titel des Dokuments muss angegeben werden.

Die Option „Dokument neu anlegen" öffnet ein Worddokument im SAP Solution Manager (Abbildung 41) und ermöglich mit Hilfe der SAP Vorlage für Testfälle die Erstellung eines Testfalldokuments.

Zum Einpflegen von Änderungen in ein solches Dokument muss die Zeile des betroffenen Dokuments markiert werden. Durch einen Klick auf das Symbol ✐ öffnet sich der Bearbeitungsmodus.

Zum Hochladen von Dokumenten muss die entsprechende Option gesetzt sein. Bearbeitungen können analog vorgenommen werden.

In der Spalte „Testobjekt" wird die Transaktion, die im oberen Teil eingebunden wurde, dem Testfall zugeordnet. Dazu klicken Sie in das Feld und anschließend auf das Symbol ⬚. Eine Liste der eingebundenen Transaktionen (Reiter: „Transaktionen") öffnet sich (Abbildung 42).

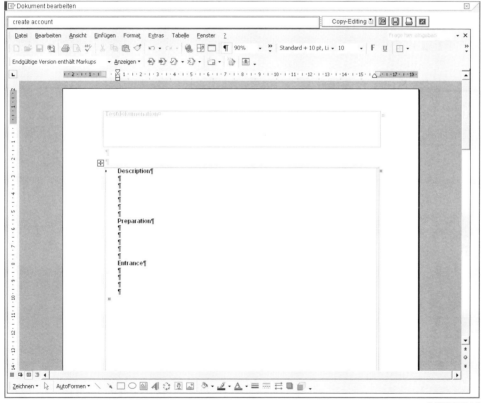

© 2009 SAP AG

Abbildung 41: Testfalldokument anlegen

Testobjekt auswählen			
Testobjekttyp	Logische Komponente	Referenziertes Objekt	Bezeichnung
Transaktion	Z_DME	BCA_CN_ACCT_01	Create Account

© 2009 SAP AG

Abbildung 42: Testobjekt auswählen

Für den Fall von automatischen Testfällen wählt man den Testfalltyp „eCATT Testkonfiguration" aus. Wie der Name schon sagt, wird hier eine Testkonfiguration eingebunden, die auf ein Testskript verweist. Im späteren Verlauf wird das Anlegen einer Testautomation detailliert beschrieben.

Testfalltyp	Log. Kompo...	Testfall	Variante	Testfallbezeichnung	Testobjekt	Testobjekttyp
Testdokument		Test Case Description		create_account.doc	BCA_CN_ACCT_01	Transaktion
eCATT Testkonfiguration		Z_ACC_ANLEGEN		Account anlegen		

© 2009 SAP AG

Abbildung 43: Automatischer Testfall

In der Spalte „Testfall" wählt man die gewünschte Testkonfiguration aus, wohingegen in der Spalte „Varianten" auf die ebenfalls mit der Testkonfiguration verbundenen Testdaten verwiesen werden kann. Sollten alle Varianten ausgeführt werden, ermöglicht man dies durch das Setzen eines *.

Sind die automatischen Testfälle im SAP Solution Manager entwickelt worden, braucht keine logische Komponente angegeben werden. Das Feld bleibt dann leer. Sind sie jedoch im zu prüfenden System angelegt, muss man die entsprechende logische Komponente in der Spalte „Log. Komponente" einfügen.

Das Symbol ⬜ im Feld „Testfall" ermöglicht das Suchen nach automatischen Testfällen entweder im SAP Solution Manager, falls das Feld „Log. Komponente" leer ist, oder im Zielsystem, das von der logischen Komponente repräsentiert wird.

Die Ausführung der automatischen Testfälle ist schon jetzt möglich. Allerdings ist davon abzuraten, da die Ausführung nicht in die Teststatistik einfließt.

Durch das Markieren mehrerer Testfälle ist es möglich, diese zusammen auszuführen. Das Ausführungsmenü startet mit Betätigen dieser Schaltfläche ⬇.

3.6 Testplan und Testpakete anlegen

3.6.1 Testplan

Die Struktur ist angelegt, die Transaktionen sind mit den manuellen Testfall-beschreibungen verknüpft und eventuelle existierende automatische Testfälle ein-gebunden.

Der nächste Schritt beinhaltet das Anlegen eines Testplans. Dies erfolgt in der Transaktion STWB_2.

Das Symbol ⬚ öffnet einen Dialog zur Erstellung.

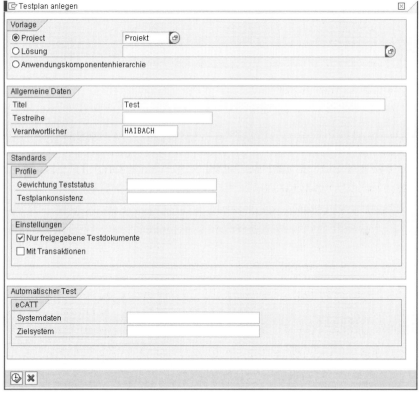

© 2009 SAP AG

Abbildung 44: Testplan anlegen

Wählen Sie das gewünschte Projekt, geben Sie einen Titel ein und bestätigen Sie die Eingaben durch einen Klick auf das Symbol ⊕.

Das nächste Fenster enthält eine Baumstruktur, deren Einträge mittels eines Hakens ausgewählt werden können. So wählen Sie die Teile Ihrer Projektstruktur, die zu diesem Testplan gehören sollen, aus.

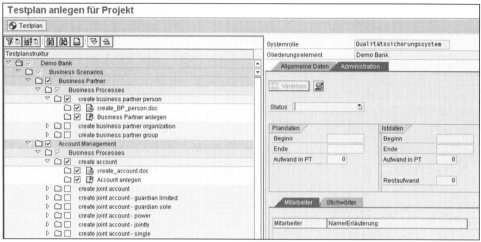

© 2009 SAP AG

Abbildung 45: Testplan – Auswahl

Nachdem die zu testenden Prozesse angehakt wurden, wird der Testplan über die Schaltfläche [Testplan] generiert.

Er erscheint jetzt in der Testplanliste.

© 2009 SAP AG

Abbildung 46: Testplanliste

Der Bearbeitungsmodus des Testplans kann über das Symbol ✐ aufgerufen werden. Dies ist notwendig, falls im Nachhinein Änderungen in der Struktur (Blueprint) vorgenommen werden.

Werden zum Beispiel ein weiterer Prozess und dementsprechend weitere Testfälle in die Struktur aufgenommen, so gehören diese nicht automatisch zum bereits erstellten Testplan.

Soll der neue Prozess mit anderen Prozessen im Testplan getestet werden, so ist er nachträglich zum Testplan hinzuzufügen.

Des Weiteren ist der Testplan dem angegebenen Projekt zugehörig. Die darin eingebundene logische Komponente ermöglicht das Ausführen der Tests in den verschiedenen Systemrollen:

– Qualitätssicherungssystem
– Entwicklungssystem
– Sandbox.

Der Ausführungsort kann nach dem Markieren des Testplans in der Testplanübersicht über die Schaltfläche 🗗 geändert werden.

© 2009 SAP AG

Abbildung 47: Testplan – Attribute

3.6.2 Testpaket

Die Testpakete sind jetzt noch notwendig, um den Testplan aufzuteilen und den einzelnen Testern des Projekts zuzuteilen.

Die Zuordnung wird ebenfalls in der Transaktion STWB_2 vorgenommen. Dazu markiert man den gewünschten Testplan und navigiert mittels ⊞ Testpakete zum Bearbeitungsmodus der Testpakete.

© 2009 SAP AG

Abbildung 48: Testplan – Testpaket

Das Symbol ⬜ öffnet ein Fenster, in dem die Struktur unseres angelegten Testplans zu sehen ist.

© 2009 SAP AG

Abbildung 49: Testpaket anlegen

Mit Haken markieren Sie die Testfälle, die in dem Testpaket abgelegt werden sollen. Nach dem Drücken der Generierungsschaltfläche ⊕ muss der Name des Pakets festgelegt werden. Anschließend ist das Testpaket angelegt. Sollen mehrere Testpakete angelegt werden, muss dies einzeln auf dem erklärten Weg geschehen.

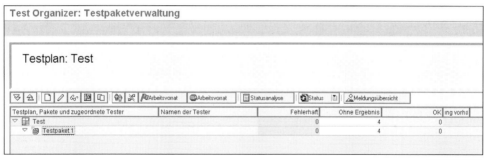

© 2009 SAP AG

Abbildung 50: Testpaket 1

Ein Testpaket muss einem Tester zugeordnet werden. Dazu wird das jeweilige Paket markiert und die Schaltfläche 👥 öffnet eine Liste, in der der/die Tester eingetragen werden.

Voraussetzung für die Zuordnung:

Die Tester müssen einerseits über die Transaktion SU01 als Benutzer des SAP Solution Managers angelegt und in dem jeweiligen Projekt als Projektmitarbeiter eingetragen sein (Transaktion: SOLAR_PROJECT_ADMIN).

© 2009 SAP AG

Abbildung 51: Tester auswählen

3.7 Test ausführen und Verarbeiten von Meldungen

3.7.1 Testausführung

3.7.1.1 Manuelle Testfallbeschreibungen

Das Ausführen der Testfälle wird von den zugeordneten Testern durchgeführt. Dazu ruft dieser die Transaktion STWB_WORK auf. Zu sehen ist eine Übersicht von allen Testpakten, die dem Tester zugeordnet wurden.

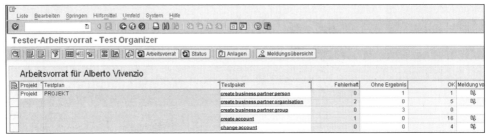

© 2009 SAP AG

Abbildung 52: Testausführung

Ein Doppelklick auf ein Testpaket öffnet den Ausführungsmodus.

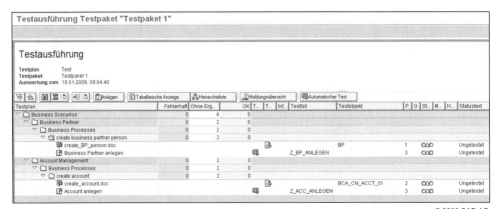

© 2009 SAP AG

Abbildung 53: Ausführung – Testpaket

In unserem Beispiel wurden für die beiden Prozesse jeweils ein manueller und ein automatischer Testfall zugeordnet. Also enthält unser Testpaket vier Testfälle.

Die manuelle Ausführung basiert auf der Testfallbeschreibung, die im oberen Teil eingebunden wurde, und auf der zugehörigen Transaktion, auf die verwiesen wird.

Ein Klick auf das Symbol [icon] öffnet das Testfalldokument in einem separaten Fenster. Die Spalte „Testobjekt" enthält den Transaktionscode für diesen Testfall. Ein Klick auf das Testobjekt ruft in einer neuen Session die Transaktion in dem zu testenden System auf.

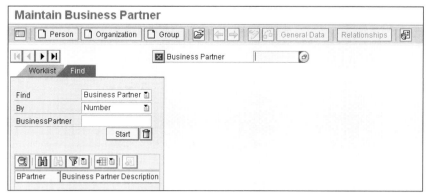

© 2009 SAP AG

Abbildung 54: Transaktion: BP

Die Testfallbeschreibung erklärt Schritt für Schritt, was bei diesem Testfall gemacht werden soll und welches Ergebnis/Reaktion von dem zu testenden System erwartet wird.

3.7.1.2 Automatische Testfälle

Das Erstellen von automatischen Testfällen wird im entsprechenden Kapitel über eCATT und QTP ausführlich beschrieben. Hier widmen wir uns ausschließlich der Ausführung von automatischen Testfällen. Einerseits besteht die Möglichkeit, automatisierte Testfälle einzeln auszuführen. Dazu wird in der Zeile des automatischen Testfalls das Symbol [icon] betätigt.

Sollen mehrere automatische Testfälle zusammen ausgeführt werden, markiert man den nächst höheren Knoten und klickt auf [icon] Automatischer Test . Es öffnet sich ein Fenster mit einer Baumstruktur, in dem die auszuführenden Testfälle markiert werden. Anschließend gelangt man zum Ausführungsmenü, das im Kapitel über eCATT detailliert beschrieben wird.

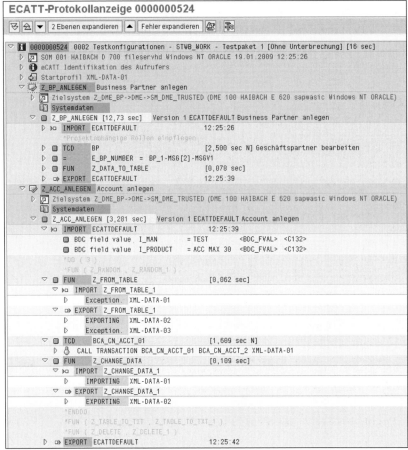

© 2009 SAP AG

Abbildung 55: Ausführungsprotokoll

Man sieht eine detaillierte Aufstellung von dem, was in dem jeweiligen Testskript ausgeführt wurde. Das Ausführungsprotokoll zeigt die gesamte Ausführung. Allerdings werden die Protokolle der einzelnen Skripte getrennt den jeweiligen Testfällen zugeordnet.

	create_BP_person.doc				BP	1		Fehlerhaft, Nachtest...
	Business Partner anlegen				Z_BP_...	3		Test erfolgreich aus...
▽ ☐ Account Management		0	1	1				
▽ ☐ Business Processes		0	1	1				
▽ ☐ create account		0	1	1				
	create_account.doc				BCA_CN_ACCT_01	2		Ungetestet
	Account anlegen				Z_AC...	3		Test erfolgreich aus...

© 2009 SAP AG

Abbildung 56: Status – automatisch

Der Status wurde automatisch in Grün geändert, was für „Test erfolgreich ausgeführt" steht. Speziell für den Fall, dass ein Testfall fehlerhaft war, hat man großes Interesse an dem Ausführungsprotokoll. Um dieses einzusehen, klickt man auf das Symbol ∞ und anschließend auf 🖪 Protokoll .

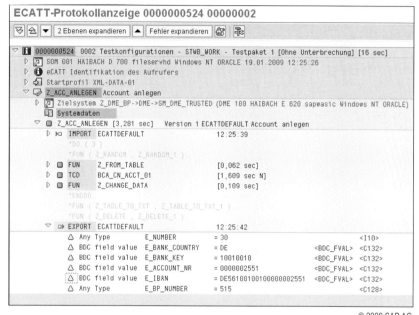

© 2009 SAP AG

Abbildung 57: Protokoll – Konto anlegen

Das Protokoll zeigt die einzelnen Anweisungen, die im Skript ausgeführt wurden.

Zunächst wurden die Daten aus ECATTDEFAULT in das Skript importiert. Dabei handelt es sich um die Daten, die während der Aufzeichnung des Testskripts verwendet wurden.

Anschließend wird mit dem Befehl FUN ein Funktionsbaustein eingebunden, der auf eine interne Tabelle zugreift und dem Skript weitere Daten (Geschäftspartner-Nummer) zur Verfügung stellt. Mittels dieser Daten wird jetzt über die TCD-Anweisung auf die Transaktion BCA_CN_ACCT_01 zugegriffen und ein Konto angelegt. Es folgt ein Aufruf eines weiteren Funktionsbausteins, der die neuen Daten (Kontonummer, Bankleitzahl …) in die Tabelle schreibt. Weil kein unerwartetes Verhalten des Systems auftrat, sind die Statusleuchten grün.

Die Daten, die während der Anlage eines Geschäftspartners erzeugt wurden, werden in einer internen Tabelle abgelegt und werden dann bei der Anlage eines Kontos weiterverwendet. Nach dem Erstellen des Kontos wird der Datensatz mit den neu erzeugten Daten aktualisiert.

Sie dienen lediglich der Vereinfachung, sind aber für automatische Tests nicht notwendig.

3.7.1.3 Statusänderung

Reagiert das zu testende System anders als erwartet, liegt eine Fehlerwirkung vor. Damit die Ursache dieser Wirkung (Fehlerzustand) gefunden und behoben werden kann, muss eine Abweichungsmeldung erstellt werden. Gegebenenfalls muss der Status des Testfalls geändert werden. Bei der Ausführung von automatischen Testfällen wird der Status automatisch gesetzt.

Durch das Symbol ∞ wird ein Dialog geöffnet, der folgende Möglichkeiten bietet:

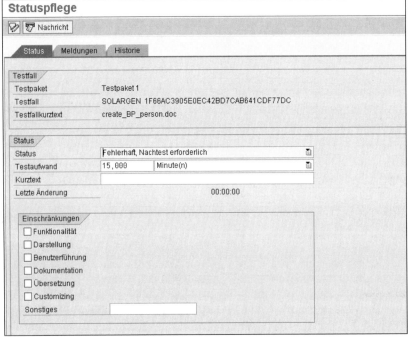

© 2009 SAP AG

Abbildung 58: Status ändern

Reiter „Status":

- Ungetestet
- Nachtest O.K.
- In Bearbeitung
- Fehlerhaft, Nachtest erforderlich
- O.K.

Neben dem Status kann der Testaufwand eingetragen werden.

Reiter „Meldungen":

Sollte ein Status auf „Fehlerhaft, Nachtest erforderlich" geändert werden, so ist eine Abweichungsmeldung zu erfassen. Sie spiegelt den Unterschied zwischen dem erwarteten Verhalten des Systems und dem wirklichen Verhalten wider. Das Symbol 🗋 erstellt eine neue Meldung.

© 2009 SAP AG

Abbildung 59: Meldung

Durch das Speichern wird diese Meldung aufgenommen und erscheint dann in der Liste.

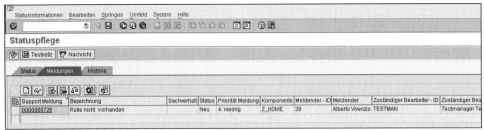

© 2009 SAP AG

Abbildung 60: Meldungsliste

Der Reiter „Historie" fasst die Eintragungen zu diesem Prozess zusammen und zeigt chronologisch die Änderungen auf.

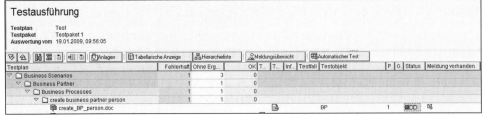

© 2009 SAP AG

Abbildung 61: Status – Historie

Des Weiteren können Notizen in Bezug auf den Testfall vorgenommen werden oder Nachrichten versendet werden Nachricht. Zurück in dem Ausführungsmenü werden jetzt der angegebene Status und das Vorhandensein einer Meldung angezeigt.

Testausführung

Testplan Test
Testpaket Testpaket 1
Auswertung vom 19.01.2009, 09:56:05

Testplan	Fehlerhaft	Ohne Erg...	OK	T...	T...	Inf...	Testfall	Testobjekt	P.	G.	Status	Meldung vorhanden
▽ ☐ Business Scenarios	1	3	0									
▽ ☐ Business Partner	1	1	0									
▽ ☐ Business Processes	1	1	0									
▽ ☐ create business partner person	1	1	0									
📋 create_BP_person.doc							BP		1		⬤CO	🗒

© 2009 SAP AG

Abbildung 62: Testfall – Status, Meldung

Beim Durchführen von manuellen Tests muss der Status immer manuell geändert werden.

3.7.2 Verarbeiten von Meldungen

Die Transaktion SOLUTION_MANAGER bietet einen Überblick über alle Lösungen.

© 2009 SAP AG

Abbildung 63: Solution Manager

Doppelklick auf eine der Lösungen öffnet ein Fenster. Links befinden sich drei Schaltflächen.

– *Lösungsübersicht:* navigiert zurück zur Lösungsübersicht oder ermöglicht die direkte Navigation zu den Lösungen.
– *Operations Setup:* Einstellungen für den Solution Manager können hier getätigt werden.
– *Operations:* Hier ist unter anderem das Service Desk angesiedelt.

Das Service Desk in der einfachsten Verwendung verwaltet alle Meldungen, die erzeugt wurden. Wird der Solution Manager nur für Testzwecke verwendet, ist das Service Desk die Stelle, an der die Abweichungsmeldungen ausgewertet und verteilt werden.

Der Tester führt einen Testfall durch und stellt eine Abweichung vom Sollverhalten fest. Er verfasst eine Meldung und sie gelangt ins Service Desk.

Das Change Control Board trifft die Entscheidung, ob es sich um einen Fehler oder eine fehlende Funktion handelt. Für den Fall eines Fehlers wird die Entwicklung beauftragt, den Fehler zu finden und zu beseitigen. Handelt es sich aber um eine fehlende Funktion, so muss vorab herausgefunden werden, ob diese in den bereits erstellten Anforderungen enthalten ist. Ist dem so, handelt es sich um ein Versäumnis während der Implementierung und es muss nachgeliefert werden. Fand es keine Erwähnung in den Anforderungen, so werden voraussichtlich die bestehenden Anforderungen ergänzt und der Vertrag erweitert. Oder die fehlende Funktion hat keine Priorität und wird auf die nächste Release-Stufe verlegt oder gestrichen.

Des Weiteren besteht die Möglichkeit, Attribute der Meldung nachträglich zu ändern. Im Falle der Priorität liegt eine Fehleinschätzung des Melders vor.

Bevor auf das Weiterleiten und Ändern der Meldungen im Detail eingegangen wird, werden im Folgenden die Begriffe Schwere, Priorität des Fehlers sowie der Status der Meldungen beschrieben.

Der Status gibt an, was gerade mit einer Meldung passiert. Ist der Status „Neu", wurde die Meldung erst erstellt und ist bislang noch nicht weiterverarbeitet worden.

Die Priorität einer Meldung gibt an, wie dringend ein Fehler beseitigt werden muss. Bei der Erstellung wird diese Einstufung vom Tester vorgenommen, kann aber später geändert werden.

Die Schwere eines Fehlers ist abhängig von der Reaktion des zu prüfenden Systems, wenn eine Fehlerwirkung auftritt. Der Absturz des Systems wäre eine schwerwiegende Reaktion. Dieser Fehler müsste mit einer hohen Priorität gemeldet werden. Hingegen heißt es nicht, dass Fehler mit einem geringen Schweregrad auch gleichzeitig eine niedrige Priorität bekommen. Nehmen wir an, in einem Programm ist der Name des Kunden/Firma falsch geschrieben. Die Fehlerschwere ist gering, allerdings sollte die Priorität des Fehlers hoch eingestuft werden.

Nach Klicken auf die Schaltfläche „Operations" und Auswahl des Reiters „Service Desk" werden alle Meldungen angezeigt.

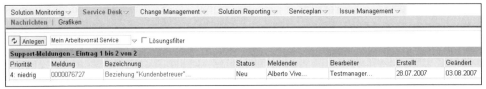

© 2009 SAP AG

Abbildung 64: Service Desk

Durch Anhaken des Lösungsfilters werden nur die lösungsspezifischen Meldungen angezeigt. Ein Klick auf die Meldung, die geändert oder weitergeleitet werden soll, öffnet diese.

© 2009 SAP AG

Abbildung 65: Support Meldung

Das Symbol ✐ wechselt in den Bearbeitungsmodus, das alle Felder für Änderungen freigibt. Die Schaltfläche 🔳🗎 ermöglicht das Weiterleiten der Meldung. Dabei wird ein Fenster geöffnet.

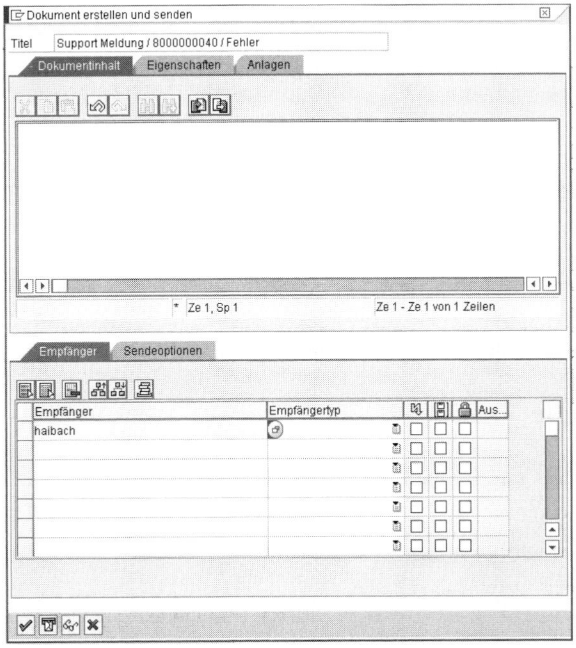

© 2009 SAP AG

Abbildung 66: Meldung – weiterleiten

Der Reiter „Dokumentinhalt" enthält ein Textfeld, in dem eine Nachricht für den Empfänger eingefügt werden kann. Unter „Eigenschaften" werden Einstellungen zu Änderbarkeit, Sensitivität oder Priorität gemacht. Die Abweichungsmeldung, die weitergeleitet werden soll, wird als Anlage der Weiterleitungsmail automatisch angehängt. Darüber hinaus ist es auch möglich weitere Dokumente als Anlage anzuhängen.

Die Meldung wird an den angegebenen Empfänger weitergeleitet. Um den E-Mail-Versand einzustellen, folgt eine kurze Zusammenfassung:

- Der SMTP-Dienst muss auf dem SAP Server installiert sein.
- Mittels der Transaktion SICF wird der SMTP-Dienst aktiviert.
- Die Transaktion SCOT ermöglicht die Eingabe des Mailservers beziehungsweise des zu verwendenden Ports. Des Weiteren kann hier für das Senden eine periodische Aufgabe erstellt werden.

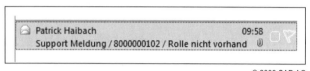

© 2009 SAP AG

Abbildung 67: Meldung – E-Mail

Sind keine Einstellungen für den E-Mail-Versand vorhanden, wird die Nachricht an das interne SAP Büro weitergeleitet. Dieses steht jedem Benutzer des Solution Managers zur Verfügung.

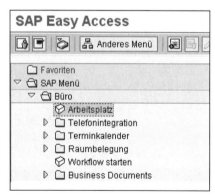

© 2009 SAP AG

Abbildung 68: SAP Büro

3.8 Testfortschrittsanalyse

Zur Statusanalyse des Testplans wird die Transaktion STWB_INFO verwendet.

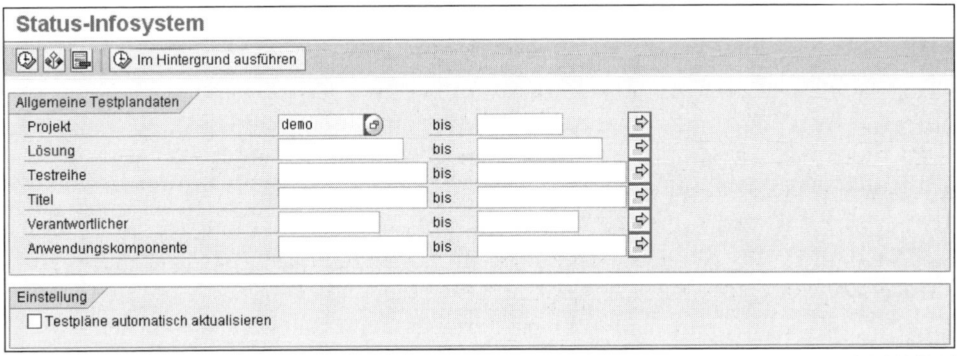

© 2009 SAP AG

Abbildung 69: Status-Infosystem

Nach den angegebenen Suchkriterien werden jetzt die Ergebnisse aufgelistet.

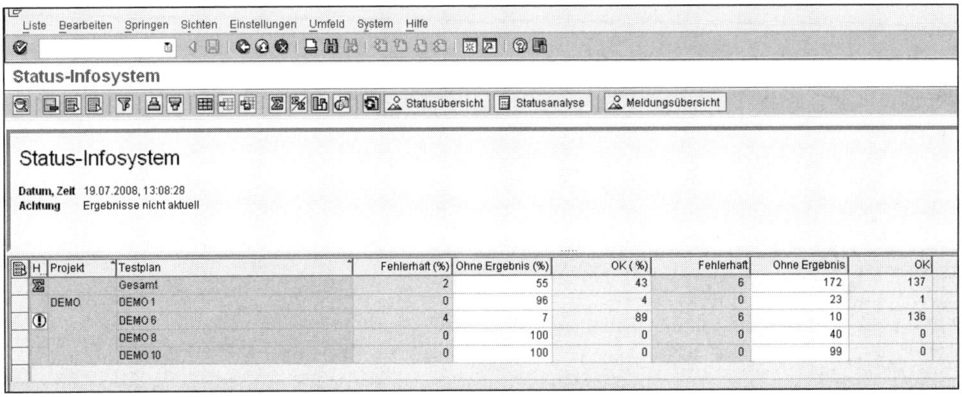

© 2009 SAP AG

Abbildung 70: Status-Infosystem – DEMO

Die Auflistung zeigt vier Testpläne für das Projekt DEMO und eine weitere Zeile, in der das Gesamtergebnis vermerkt wird. Die Tabelle kann über das Menü „Liste – Exportieren – Tabellenkalkulation" in eine externe Tabellenkalkulation (zum Beispiel Microsoft Excel) exportiert werden.

Detaillierte Informationen zu einem Testplan werden durch das Markieren und anschließende Betätigen der jeweiligen Schaltfläche generiert.

Meldungsübersicht:

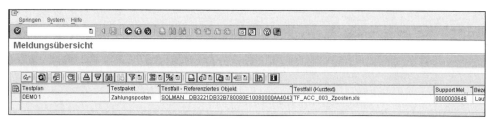

© 2009 SAP AG

Abbildung 71: Meldungsübersicht

Sie enthält alle Meldungen, die dem jeweiligen Testplan zugehörig sind.

Die Meldungsübersicht kann ebenfalls für weitere Auswertungen in MS Excel exportiert werden. Dazu wird das Symbol 📇📄 verwendet.

Statusanalyse:

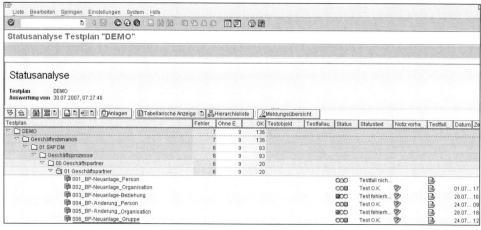

© 2009 SAP AG

Abbildung 72: Statusanalyse

Nach dem Klicken auf die Schaltfläche „Tabellarische Anzeige", dem Symbol 📇 und 📄 können diese Daten in Microsoft Excel importiert werden.

Statusübersicht:

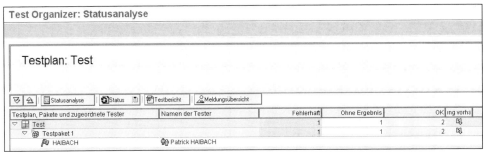

© 2009 SAP AG

Abbildung 73: Statusübersicht

Die Statusübersicht enthält alle Pakete des Testplans und zeigt, welchem Tester diese zugeordnet sind. Sie ermöglicht das Generieren eines Testberichts durch das Klicken auf die Schaltfläche 📝Testbericht . Daraufhin wählen Sie die Anzeigeoptionen aus, die im Testbericht realisiert werden sollen, und geben einen Speicherort an.

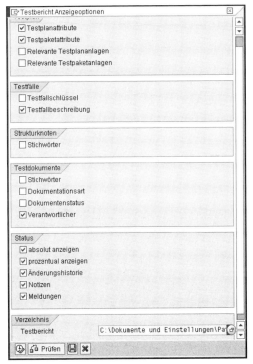

© 2009 SAP AG

Abbildung 74:
Testbericht – Anzeigeoptionen

63

Das Testberichtdokument wird geöffnet und muss mit Hilfe des Makros SAP_CREATE_TESTREPORT erzeugt werden.

Das Design des Testberichts kann angepasst werden. Durch Aufruf der Transaktion SPRO und einem Klick auf die Schaltfläche „SAP Referenz-IMG" zeigt sich eine Baumstruktur. Der Pfad < „SAP Solution Manager" – „Szenariospezifische Einstellungen" – „Einführung" – „Optionale Aktivitäten" – „Dokumentverwaltung" – „Generierung von Dokumenten" – „Vorlagendateien für Generierung von Testreport anpassen" > öffnet das folgende Fenster.

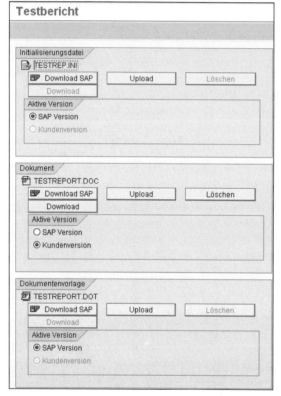

Abbildung 75:
Testbericht anpassen

© 2009 SAP AG

Zur Erzeugung des Testberichts werden diese drei Dateien verwendet:

1. TESTREP.INI enthält Optionen für die Generierung, die in der Datei in Englisch beschrieben werden.

```
testrep.ini - Editor
Datei  Bearbeiten  Format  Ansicht  ?
SAVE DOCUMENT AFTER INCLUDING # DOCUMENTS [Choose # between 1 and 32768; Default = 50]:
50
INCLUDE MS POWERPOINT DOCUMENTS [1 = All pages via Clipboard (default); -1 = First page via Clipboard; 0 = As Activex object]:
1
INCLUDE MS VISIO DOCUMENTS [1 = All pages via Clipboard (default); -1 = First page via Clipboard; 0 = As Activex object]:
1
INCLUDE MS EXCEL DOCUMENTS [1 = All sheets (default); 0 = As Activex object]:
1
NUMBER CONVERSION IN MS WORD DOCUMENTS [1 = Convert numbers to text (default); 0 = Do not convert numbers to text]:
1
SYSTEM TEXT WITH GREY BACKGROUND [1 = light grey; 0 = white (default)]:
0
INCLUDE DOCUMENTS IN TABLE OF CONTENTS: [1 = Include documents, 0 = Do not documents (default)]:
0
NEW PAGE BEFORE INCLUDED DOCUMENT: [1 = Insert page break before including a document, 0 = Do not insert page break (default)]:
0
```

Abbildung 76: testrep.ini

2. TESTREPORT.DOC ist zuständig für das Design.

3. TESTREP.DOT enthält das Makro SAP_CREATE_TESTREPORT.

Sollen Änderungen in den einzelnen Dateien vorgenommen werden, zum Beispiel im Design, so muss die Datei TESTREPORT.DOC heruntergeladen werden. Anschließend werden an dieser Version die Änderungen (zum Beispiel: Kopf-/Fußzeile) durchgeführt, gespeichert und diese wieder hochgeladen.

Durch Aktivieren der Option „Kundenversion" wird das angepasste Design im nächsten Testbericht verwendet.

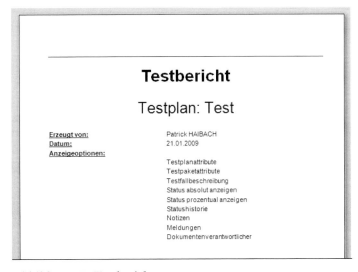

Abbildung 77: Testbericht

3.9 Zusammenfassende Transaktionsliste

Es folgt eine tabellarische Zusammenfassung der Transaktionen, die während des Testens mit dem SAP Solution Manager benutzt werden.

Tabelle 4: Transaktionen

Transaktion	Bedeutung
SMSY	Bearbeiten der Systemlandschaft
SM59	Remote Function Call (RFC) erstellen
SMT1	Anlegen eines Trusted Systems
SU01	Benutzerverwaltung
SOLAR_PROJECT_ADMIN	Anlegen eines Projekts
SOLAR01	Anlegen der Projektstruktur (Blueprint)
SOLAR02	Transaktionen und Testfälle zuordnen
STWB_2	Erstellen von Testplänen und Testpaketen
STWB_WORK	Testdurchführung
STWB_INFO	Testauswertung
SOLUTION_MANAGER	Verwalten von Meldungen

4 Testautomatisierung

4.1 Vorbemerkungen

4.1.1 Manuelle und automatisierte Testfälle

Ein manueller Testfall beschreibt die Voreinstellungen des Systems sowie die Test-umgebung und was zu testen ist. Nach dem Beseitigen eines Fehlers können so für den erneuten Test, dem so genannten Retest, dieselben Bedingungen geschaffen werden. Die Existenzberechtigung erlangt ein Testfall durch die dazugehörende Anforderung. Ein Testfall, der keiner Anforderung zugeordnet werden kann, ist für den Testprozess eines Projekts nicht notwendig und kann somit entfallen. Folgende Bestandteile sollte eine Testfallbeschreibung aufweisen:

- Beschreibung
- Vorbereitung
- Durchführung
- Überprüfung
- Weitere Hinweise.

Ein automatisierter Testfall muss ebenfalls beschrieben werden, allerdings kann dort auf die Durchführungsanleitung verzichtet werden. Der Tester führt den automatisierten Testfall aus und überprüft das ebenfalls automatisch generierte Protokoll.

4.1.2 Capture and Replay

In diesem Buch und häufig auch in der Realität wird der Ausdruck Testautomation verwendet, obwohl die Verbesserung des Testprozesses durch Nutzung von so genannten Capture-and-Replay-Werkzeugen gemeint ist. Anstatt manuelle Tests zu erstellen, werden Testskripte aufgezeichnet, um verschiedene Varianten von Testdaten automatisch auszuführen. Aber Capture and Replay Tools sind nur eine Art von Tools, um den Testprozess zu automatisieren.

Ein Grund für dieses Missverständnis ist die Tatsache, dass die Einführung von Capture-and-Replay-Werkzeugen die Kosten deutlich senkt, nicht bei neu zu entwickelnder Software, sondern speziell bei Software oder Modulen in der Wartung (die somit mehrmals getestet werden müssen).

Vorteile von Capture-and-Replay-Werkzeugen:

- Sie ermöglichen die Ausführung von mehreren Testfällen innerhalb kurzer Zeit.

- Der Tester benötigt kein Know-how über die Ausführung des Tests, sondern startet die Ausführung per Knopfdruck.

Nachteile von Capture-and-Replay-Werkzeugen:

- Ein Testfall muss aufgezeichnet werden. Auch diese Aufzeichnung muss getestet werden.
- Aufgrund der Komplexität eines Testskripts sind auftretende Fehler im Skript nur begrenzt behebbar.
- Anpassungen an einer Aufzeichnung aufgrund von Änderungen in der zu testenden Software sind ebenfalls wegen der Komplexität nur begrenzt möglich [6, Seite 472].

Eine Möglichkeit, den Einfluss der oben erwähnten Nachteile zu minimieren, ist das Konzept des datengetriebenen Tests. Dabei werden die Testdaten für einen Testfall nicht direkt in dem aufgezeichneten Testskript eingebaut, sondern in einer externen Datei abgelegt. Das Skript wird daraufhin parametrisiert und verweist auf die externe Datei. Eine Änderung bei den Testdaten erfordert somit keine Änderung im Testskript, sondern nur in der externen Datei. Entspricht die externe Datei einer Tabelle, spiegelt jede Reihe dieser Tabelle eine Variante des Testfalls wider. So können beliebig viele Varianten eingegeben werden, ohne dem Tester Programmierkenntnisse abzuverlangen. Die folgenden Pseudocodes zeigen den Unterschied: der erste ohne Parametrisierung, der zweite mit.

```
...
create person ("Hans")
create person ("Peter")
create person ("John")
create person ("Marc")
...
create person ("Jason")
...
```

Abbildung 78:
Skript ohne Parametrisierung

Dieses Skript enthält die Funktion „create person" mehrere Male. Falls der Name der Funktion sich ändert, müsste er für jeden Eintrag geändert werden.

```
...
create person (name)
...
```

Abbildung 79:
Skript mit Parametrisierung

Der Parameter „name" verweist auf eine Tabelle und das Skript erzeugt für jede Reihe dieser Tabelle einen Datensatz. Die Änderung der Funktion erfolgt somit nur an einer Stelle[2].

Neben dem datengetriebenen Test ermöglicht eine Modularisierung, ebenfalls die Wartbarkeit und Erweiterbarkeit von Testskripten zu verbessern. Dabei werden die Testskripte in viele Unterskripte aufgeteilt und anschließend durch ein Masterskript wieder miteinander verbunden. So müssen bei Softwareänderungen nur die Unterskripte angepasst werden, die sich auf die Änderung beziehen. Modularisiert man das Testskript nicht, muss bei jeder Änderung das gesamte Testskript neu aufgezeichnet werden.

4.1.3 Automatisierungsstrategie

Zu Beginn der Capture-and-Replay-Technologie wurden Testskripte lediglich für Regressionstests aufgezeichnet, für das eine eigene Arbeitsumgebung notwendig war. Heutzutage werden Skripte nicht nur für Regressionstests erstellt.

Kriterien für die Automatisierung von SAP Deposits Management:

– Testfälle von Modulen, die mit einer hohen Zahl an verschiedenen Testdaten getestet werden sollen
– Testfälle von Modulen, die mit einer entsprechenden Periodizität immer wieder getestet werden sollen
– Testfälle von Modulen, die zu einem Standard-Softwarepaket gehören
– Testfälle von Modulen, die von Kunden häufig nachgefragt werden.

4.2 extended Computer Aided Test Tool (eCATT)

4.2.1 Übersicht

Das eCATT besteht aus drei Modulen. Das Modul Systemdaten verwaltet die Systeme, auf die via Remote Function Call (RFC) zugegriffen werden soll. Das Erstellen eines RFCs wurde bereits in Kapitel 3.2.1 (Remote Function Call (RFC) anlegen) dieses Buches beschrieben. Im Modul Testskript wird die Aufnahme getätigt und in einer ABAP ähnlichen Skriptsprache gespeichert. Das Modul Testdaten verwaltet die verschiedenen Varianten der Eingabedaten, die während der Ausführung berücksichtigt werden sollen. Diese drei Module werden in einer Testkonfiguration zusammengeführt, die wiederum das Bindeglied zum SAP Solution Manager darstellt.

---

2 Das Beispiel dient lediglich zur Veranschaulichung des Prinzips von datengetriebenen Testen und folgt nicht der Syntax einer Programmiersprache.

Es folgt ein Ablaufplan, um einen automatisierten Testfall mittels eCATT zu erstellen:

1. Erstellen der Systemdaten der zu testenden Systeme

2. Aufnahme und Parametrisierung der Testfälle

3. Erstellen/Einbinden der Testdaten

4. Erstellen der Testkonfiguration.

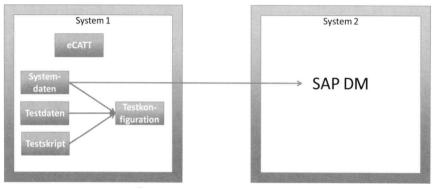

Abbildung 80: eCATT – Übersicht

4.2.2 System Data

Das Modul „System Data" verwaltet die zu testenden Systeme. Dabei wird einem logischen Namen ein RFC zugeordnet, der wiederum auf ein System verweist.

Nach der Eingabe der Transaktion SECATT wird eCATT aufgerufen.

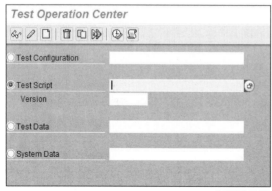

© 2009 SAP AG

Abbildung 81: eCATT

Um Systemdaten zu erzeugen, muss das entsprechende Feld markiert und ein Name in das Textfeld eingegeben werden. Dabei ist zu beachten, dass SAP mit verschiedenen Namensräumen[3] arbeitet. Ein Name im Kundennamensbereich beginnt entweder mit Z oder mit Y. Nachdem ein gültiger Name eingegeben wurde, wird durch Drücken der F5-Taste ein Systemdatencontainer erzeugt.

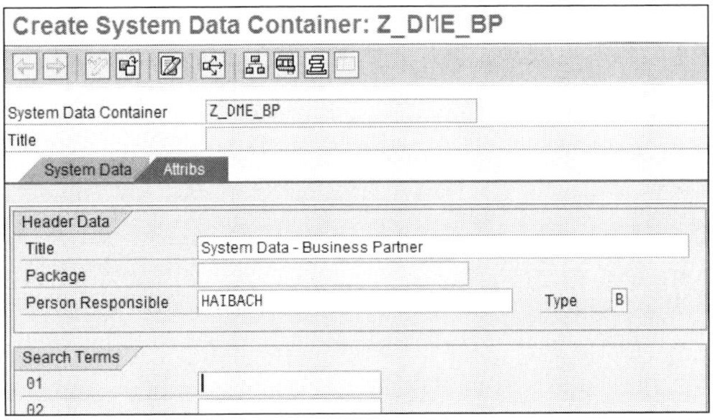

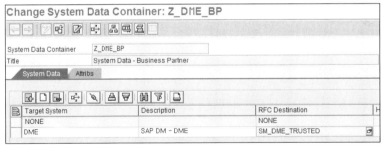

© 2009 SAP AG

Abbildung 82: System Data Container – Attribute

Jetzt muss der Titel eingegeben werden, die verantwortliche Person (entspricht dem User) wird automatisch gesetzt. Darüber hinaus können Suchbegriffe eingegeben werden, um den Suchprozess nach eCATT-Objekten zu vereinfachen.

Nach dem Wechsel zum Reiter „System Data" erscheint folgendes Bild:

© 2009 SAP AG

Abbildung 83: System Data Container – System Data

---

3 Da es sich bei SAP um eine Standardsoftware handelt, sind bei der Entwicklung von Programmen entsprechende Regeln zu beachten. Eigen entwickelte Programme werden, um Konflikten mit den Programmen aus dem Standard vorzubeugen, in eigenen Namensräumen zugeordnet, den so genannten Kundennamensräumen.

Das Symbol 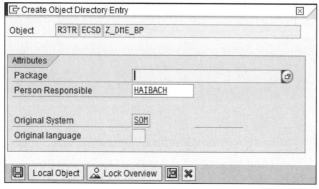 erzeugt eine neue Zeile, die aus den Eingabefeldern „Target System" (enthält den logischen Namen des Systems), „Description" (enthält eine kurze Beschreibung des Systems) und „RFC Destination" (enthält den im oberen Teil angelegten Remote Function Call) besteht. Diese Eingabefelder sind zu füllen, die anderen Felder werden dann automatisch ausgefüllt. Das Betätigen des Buttons „Disk" speichert die Eingaben.

© 2009 SAP AG

Abbildung 84: Save Screen

Es bestehen zwei Möglichkeiten zur Speicherung:

1. Besteht bereits ein Entwicklungspaket, in dem die eCATT-Objekte abgelegt werden sollen, ist dieses im Feld „Package" anzugeben.

2. Soll es als lokales Objekt gespeichert werden, kann „$TMP" eingegeben werden.

Dieser Dialog wird vor dem Speichern jedes Objekts aufgerufen und muss zum erfolgreichen Speichern ausgefüllt werden.

Für den Spezialfall, dass automatisierte Testfälle direkt im zu testenden System entwickelt wurden, brauchen keine Systemdaten erstellt zu werden, da man sich bereits im zu testenden System befindet.

4.2.3 Systemvoraussetzungen

Um automatisierte Testfälle mit eCATT ausführen zu können, muss das zu testende System darauf vorbereitet werden. Im Mandanten des zu testenden Systems muss die Verwendung von eCATT erlaubt sein. Die Transaktion SCC4 öffnet eine Liste mit allen Mandanten des Systems, aus der man mit einem Doppelklick den für den Test vorgesehenen Mandanten auswählt.

© 2009 SAP AG

Abbildung 85: eCATT Setting

Je nachdem, welche Technik für die Automation verwendet werden soll, ist eine der folgenden Optionen (für unser Beispiel die zweite) auszuwählen:

- eCATT and CATT Not Allowed
- **eCATT and CATT Allowed**
- eCATT and CATT Only Allowed for 'Trusted RFC'
- eCATT Allowed, but FUN/ABAP and CATT not Allowed
- eCATT Allowed, but FUN/ABAP and CATT only for 'Trusted RFC'.

Des Weiteren muss die Option „Änderungen an mandantenübergreifenden Objekten" ausgewählt werden.

Für die Aufnahme mit dem SAPGUI-Treiber muss SAP Scripting sowohl auf dem zentralen Testsystem als auch auf dem zu testenden System zugelassen sein. Diese Einstellung kann durch Drücken der Tastenkombination ALT + F12 + Auswahl „Optionen" und dem anschließenden Wechsel zum Reiter „Scripting" überprüft werden. Weiterhin ist zu empfehlen, die Option „Notify When a Script Attaches to a Running GUI" nicht zu setzen, da dies zu Unterbrechungen bei der Ausführung führt.

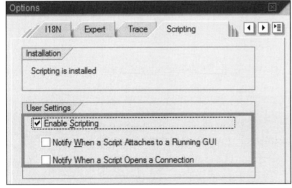

© 2009 SAP AG

Abbildung 86: GUI Scripting

Existierende Belegungen von Parametern sollten entfernt werden (Transaktion SU3).

Der Profilparameter sapgui/user_scripting des Zielsystems muss auf „TRUE" gesetzt werden. Es ist zu beachten, dass nach jedem Neustart des Systems dieser Parameter automatisch wieder auf „FALSE" gesetzt wird. Dann muss er wieder umgestellt werden mit der Transaktion RZ11.

© 2009 SAP AG

Abbildung 87: Profilparameter

Die Änderung kann nach Betätigung des Buttons „Change value" erfolgen.

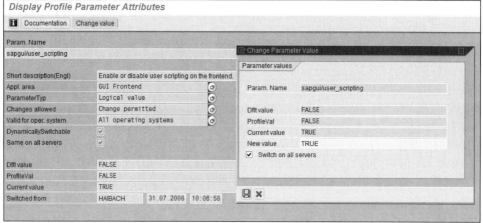

© 2009 SAP AG

Abbildung 88: Wert ändern

4.2.4 Aufnahme und Parametrisierung

4.2.4.1 Testskript-Attribute und Editor

Um ein Testskript zu entwickeln, muss das entsprechende Feld markiert und ein zum Namensraum passender Name für das Skript in das Textfeld eingegeben werden. Der hier eingegebene Name enthält die Bezeichnung des Servers (Trusting

System) „DME", die Transaktion, die aufgezeichnet werden soll, „BP" und die auszuführende Aktion „create".

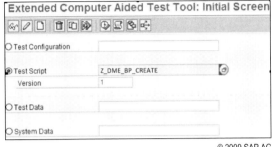

© 2009 SAP AG

Abbildung 89: eCATT – Test Script

Es ist sinnvoll, eine Namenskonvention für die Testobjekte festzulegen, um allen Projektmitarbeitern einen Zugriff auf die entsprechenden Dokumente zu ermöglichen. Darüber hinaus ist es einfacher, den Überblick zu behalten.

Das Symbol ⬜ öffnet einen Dialog, in dem die Attribute des Testskripts eingegeben werden müssen.

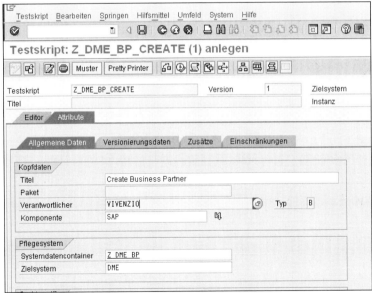

© 2009 SAP AG

Abbildung 90: Create Script – Attribute

Der Bereich „Header Data" (Kopfdaten) ist für Verwaltungsdaten und der Bereich „Maintenance System" (Pflegesystem) für die entsprechend angelegten Systemdaten. Nachdem der zugehörige Systemdatencontainer eingegeben wurde, besteht durch Betätigen des Symbols 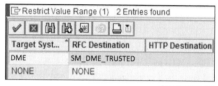 im Feld „Target System" die Möglichkeit, sich in einem separaten Fenster die erlaubten logischen Systeme anzusehen und das gewünschte durch Doppelklick auf die entsprechende Zeile auszuwählen.

© 2009 SAP AG

Abbildung 91: Namen der logischen Systeme

Diese Funktionalität (erlaubte Werteliste) bieten viele Felder in SAP an. Sie vereinfacht die Eingabe, da die erlaubten Werte in einer Liste vorgegeben sind.

Weitere Reiter

Versioning Data: eCATT ermöglicht die Erstellung von verschiedenen Versionen eines Testskripts. Anstelle das alte zu überschreiben oder zu löschen, kann das Skript mit einer anderen Versionsnummer neu erzeugt werden. Dafür wird beim Ausgangsscreen (siehe eCATT – Test Script) des eCATT der Name eines bereits existierenden Testskripts eingegeben und im Feld Version eine neue Versionsnummer.

Das Symbol ☐ öffnet wiederum die Attribute des Testskripts. Das Bearbeiten des Reiters „Versioning Data" zeigt dem eCATT, welche Version des Skripts benutzt werden soll.

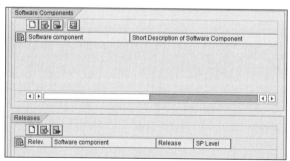

© 2009 SAP AG

Abbildung 92: Versioning Data

Extras: Die benötigte Zeit, um den Testfall auszuführen, und die Priorität sind zwar optionale Felder, es wird dennoch empfohlen, realistische Werte einzugeben.

© 2009 SAP AG

Abbildung 93: Planing Data

Restrictions: Dieser Reiter beinhaltet technische Informationen und Abhängigkeiten. Der Hauptreiter „Editor" öffnet den Skripteditor. Zunächst ist er in zwei Bereiche unterteilt: Im oberen Teil befindet sich die Parameter/Befehl-Schnittstelle und im unteren Teil der Command Editor. Soll ein aufgezeichnetes Skript bearbeitet werden, öffnet sich zusätzlich noch der Structure Editor. Ein Testskript besteht aus drei Teilen: den Attributen, den Import-, Export- und internen Parametern sowie den Befehlen (Commands).

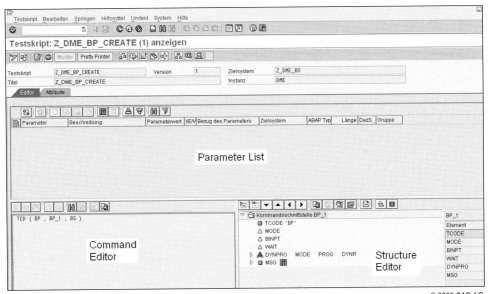

© 2009 SAP AG

Abbildung 94: Script Editor

Parameter List

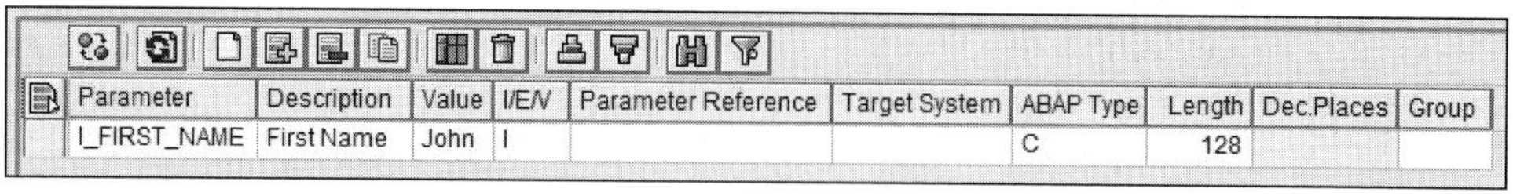

	Parameter	Description	Value	I/E/V	Parameter Reference	Target System	ABAP Type	Length	Dec.Places	Group
	I_FIRST_NAME	First Name	John	I			C	128		

© 2009 SAP AG

Abbildung 95: Parameter List

Das Symbol ⬜ fügt eine neue Zeile in der Tabelle ein:

- *Parameter:* Name des Parameters
- *Description:* Beschreibung des Parameters
- *Value:* der Standardwert
- *I/E/V:* „I" steht für Import; „E" steht für Export; „V" steht für variabel.
- *Parameter Reference:* verweist auf den Datentyp des Feldes, das parametrisiert wurde
- *Target System:* das zu testende System
- *ABAP Type:* Wenn das Feld „Parameter Reference" ausgefüllt ist, werden auch die Felder „Type" und „Length" automatisch ausgefüllt. Die nächste Tabelle zeigt die ABAP-Datentypen.

Tabelle 5: Elementare Datentypen

Datentyp	Bedeutung
I	Integer (Ganze Zahlen)
P	Gepackte Zahl
D	Datum
F	Gleitkommazahlen
C	Alphanumerische Zeichen
N	Numerische Zeichen
T	Zeit
X	Hexadezimal

Command Editor

Neben der Aufnahmeprozedur ermöglicht der Command Editor die Initialisierung der Parameter. Außerdem können bedingte Anweisungen und Schleifen genutzt werden. eCATT bietet die folgenden Aufnahmemöglichkeiten:

- SAPGUI: ermöglicht die Aufnahme von Enjoy-Transaktionen mit Controls.
- TCD: ermöglicht die Aufnahme von Transaktionen ohne Controls.
- FUN: ermöglicht den Zugriff auf Funktionsbausteine. „Funktionsbausteine sind Prozeduren, die nur innerhalb spezieller ABAP-Programme, den so genannten Funktionsgruppen, definiert, aber aus allen ABAP-Programmen aufgerufen werden können. Funktionsgruppen sind Behälter für thematisch zusammengehörige Funktionsbausteine" [I5].
- eine Schnittstelle zur Anbindung externer Tools
- WEBDYNPRO: ermöglicht die Aufnahme von Web-Dynpro-Transaktionen. „Web Dynpro ist eine Technik zur Erstellung von Benutzeroberflächen für Java- und ABAP-Programme, die unter der SAP Software ausgeführt und im Webbrowser des Endbenutzers angezeigt und bedient werden kann" [5, Seite 484].

Das Einfügen von Programmierbefehlen im Command Editor wird in eCATT durch die Schaltfläche „Pattern" (Muster) vereinfacht. Nach Betätigung wird ein Dialog geöffnet.

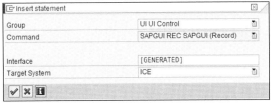

© 2009 SAP AG

Abbildung 96: Pattern

Die Befehle (Commands) sind gruppiert. Zum Beispiel enthält die Gruppe „UI Control" die SAPGUI- und TCD-Befehle, die für die Aufzeichnung von Transaktionen fundamental sind. Das Feld Interface (Command Interface) wird automatisch gesetzt. Es wird empfohlen, den von eCATT vorgeschlagenen Namen zu übernehmen. Der markierte Bereich im Command Editor ist das Command Interface.

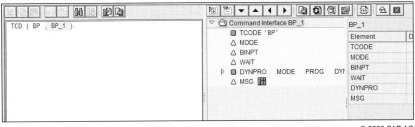

© 2009 SAP AG

Abbildung 97: Structure Editor

TCD steht für den Aufnahme-Treiber. Der erste Parameter in der Klammer entspricht der aufzunehmenden Transaktion und der zweite dem Command-Interface. Mit einem Doppelklick auf den zweiten Parameter in der Klammer öffnet sich der Struktur-Editor.

In Anlehnung an den ABAP-Systemfeldern (Systemvariablen) bietet eCATT ähnliche Variablen, die sich aber auf das zu testende System beziehen. Dahingegen beziehen sich die ABAP-Systemfelder auf das System, in dem der Test gestartet wird (trusted System). Beide Arten von internen Variablen können in eCATT verwendet werden.

Tabelle 6: Spezielle Variablen

Variable	Description
&TIME	Current time in the format HHMMSS
&DATE	Current date in the format YYYYMMDD
&YEAR	Current year in the format YYYY
&YEARB	Previous year in the format YYYY
&YEARA	Next year in the format YYYY

Structure Editor

Der Struktureditor wird automatisch durch Doppelklicken auf die Kommandoschnittstelle (Command Interface) geöffnet. Der Inhalt des Struktureditors kann von Befehl zu Befehl variieren. Er enthält Informationen über alle Aktionen, die während der Aufzeichnung getätigt wurden, die durchgeführten Eingabedaten, Meldungen, die aufgetreten sind, oder welcher Reiter gerade bearbeitet wurde.

4.2.4.2 TCD-Treiber (Skript: Erzeugen eines Geschäftspartner)

Der TCD-Treiber basiert auf der Batch-Input-Technologie. Diese Technologie wird verwendet, um Daten in oder zwischen SAP Systemen zu übermitteln. Mit dem TCD-Treiber können keine Transaktionen aufgezeichnet werden, die das SAP Control Framework (Enjoy-Transaktionen) verwenden.

Um den TCD-Treiber für die Aufnahme zu verwenden, wird er über die Schaltfläche „Pattern" und dem dazugehörigen Dialog ausgewählt, wie im folgenden Bild gezeigt wird.

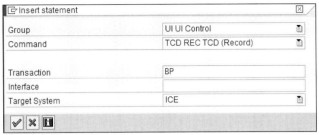

© 2009 SAP AG

Abbildung 98: Insert Statement

Im Feld „Transaction" wird die Transaktion, die aufgezeichnet werden soll, angegeben. Die Schnittstelle (Interface) wird automatisch gefüllt, wobei die Default Einstellung aus dem Transaktionscode und der Anzahl existierender Schnittstellen verbunden mit einem Unterstrich entspricht. Nach Bestätigen der Daten beginnt die Aufnahme. Eine neue Session mit der angegebenen Transaktion wird geöffnet.

© 2009 SAP AG

Abbildung 99: BP – Erstellen einer Person

Um eine Person als Geschäftspartner anzulegen, muss in der Transaktion (BP) die entsprechende Schaltfläche „Person" betätigt werden.

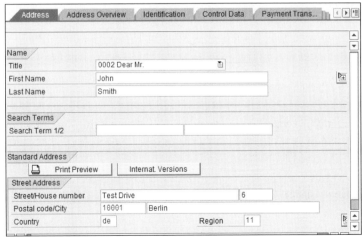

© 2009 SAP AG

Abbildung 100: Business Partner – Daten

Es erscheint eine Eingabemaske, in der Informationen zur Person eingegeben werden können. Anschließend werden die Daten gespeichert und durch Betätigen des Symbols 🔄 die Aufnahme beendet und zum Editor zurückgekehrt.

Ist man mit der Aufnahme zufrieden, ist die folgende Meldung mit „Ja" (Yes) zu beantworten, ansonsten wiederholt man die Aufnahme durch Betätigen des Buttons „Nein" (No).

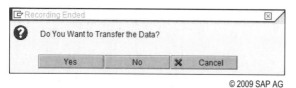

© 2009 SAP AG

Abbildung 101: Meldung – Beenden der Aufnahme

Zum Nachbearbeiten der Aufnahme wird der Struktureditor des TCD-Befehls benötigt. Durch einen Doppelklick auf die Kommandoschnittstelle wird dieser geöffnet. Die Kommandoschnittstelle ist der zweite Parameter in der Klammer, kann aber auch über die Parameterliste durch Betätigen des Buttons 🔲 angezeigt werden.

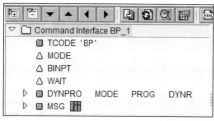

© 2009 SAP AG

Abbildung 102: Kommandoschnittstelle TCD

TCODE: Transaktionscode

MODE: Start Modi

- A – Ausführen im Vordergrund, synchronisiert lokal: Die Wiedergabe läuft im Vordergrund und die Datenbank wird direkt vor dem nächstauszuführenden Schritt aktualisiert.

– N – Ausführen im Hintergrund, synchronisiert lokal: Die Wiedergabe läuft unsichtbar im Hintergrund. Die Ergebnisse stehen nach der Ausführung im Logbuch zur Verfügung. Die Datenbank wird direkt vor dem nächstauszuführenden Schritt aktualisiert.

– E – Fehler werden angezeigt, synchronisiert lokal: Die Wiedergabe läuft im Hintergrund, bis ein Fehler auftritt. Der Screen, bei dem der Fehler auftrat, wird aufgerufen, dadurch wird eine manuelle Dateneingabe des Testers ermöglicht. Die Datenbank wird direkt vor dem nächstauszuführenden Schritt aktualisiert.

– Y – Ausführung im Hintergrund, synchronisiert nicht lokal: Die Wiedergabe läuft im Hintergrund und die Datenbank wird synchronisiert verwendet, aber eine andere Methode als die Transaktionen selbst.

– X – Ausführung im Hintergrund, asynchrones Aktualisieren: Die Wiedergabe läuft im Hintergrund und die Datenbank wird nicht synchron aktualisiert. Es kann nicht garantiert werden, dass die Datenbank bis zum nächstauszuführenden Schritt aktualisiert wird. Bei Ausführung von Skripten, in denen eine große Anzahl von Daten verarbeitet wird, kann dieser Ausführungsmodus einen zeitlichen Gewinn bringen [3, Seite 188].

BINPT: Batch-Input-Modus

WAIT: simuliert die Eingabezeit eines Benutzers. Die verwendete Einheit ist 0,1 Sekunden. Es wird nur im Ausführungsmodus N verwendet [16].

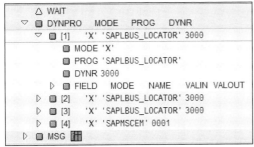

© 2009 SAP AG

Abbildung 103: Kommandoschnittstelle – DYNPRO

Die Baumstruktur des Struktureditors gliedert sich in DYNPROs und weiter in FIELDs. Die Spalte „MODE" zeigt an, ob ein Feld oder DYNPRO aktiv ist oder nicht.

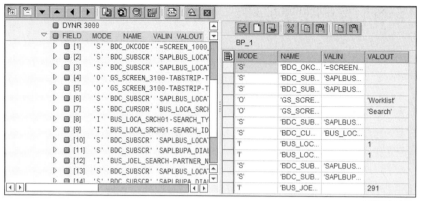

© 2009 SAP AG

Abbildung 104: Kommandoschnittstelle – FIELD

Der Name des Feldes entspricht dem technischen Feld Informationen, die in der Transaktion selbst aufgerufen werden können.

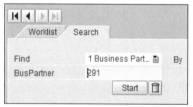

© 2009 SAP AG

Abbildung 105: Feldauswahl

Dazu wird ein Feld ausgewählt und durch Drücken der Taste F1 der „Performance Assistant" geöffnet. Darin wird das Feld beschrieben. Die technischen Informationen können eingesehen werden, nachdem die Schaltfläche ▦ betätigt wurde.

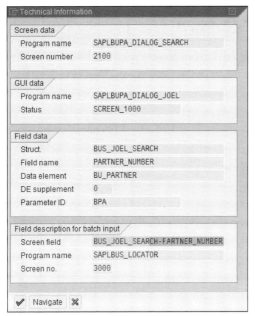

© 2009 SAP AG

Abbildung 106: Technical Information

MODE	NAME	VALIN	VALOUT
'S'	'BDC_SUBSCR'	'SAPLBUS...	
'S'	'BDC_CURSOR'	'BUS_LOC...	
'I'	'BUS_LOCA_SRCH01-SEARCH_TYPE'		1
'I'	'BUS_LOCA_SRCH01-SEARCH_ID'		1
'S'	'BDC_SUBSCR'	'SAPLBUS...	
'S'	'BDC_SUBSCR'	'SAPLBUP...	
'I'	'BUS_JOEL_SEARCH-PARTNER_NUMBER'		291

© 2009 SAP AG

Abbildung 107: FIELD – NAME

In der Spalte „MODE" gibt es fünf verschiedene Modi:

- S (set value): übergibt Importparameter oder lokale Variablen an das Feld, wie bei normalen Benutzereingaben.
- G (get value): übergibt ermittelte Werte/Ergebnisse einer Transaktion an Exportparameter oder lokale Variablen.
- C (check value): vergleicht den übergebenen Wert mit einem spezifizierten Parameter.
- I (input): verweist auf ein Feld, das vom eCATT-Skript nicht geändert wurde.
- O (output): verweist auf ein Feld, das weder verglichen noch vom eCATT-Skript gelesen wurde [3, Seite 186].

Der nächste Eintrag im Struktureditor wird mit MSG bezeichnet. Darin befinden sich alle Meldungen, die während der Aufzeichnung aufgerufen wurden, wie zum Beispiel die Bestätigungsmeldung, nachdem ein Geschäftspartner angelegt wurde.

Parametrisierung bezeichnet den Austausch von „starren" Werten durch Parameter oder Variablen. Dadurch werden die Ausführung von mehreren Varianten von Eingabedaten und das Auslagern von Testdaten in externe Dateien ermöglicht. Der Struktureditor ist ein wichtiger Baustein für die Parametrisierung, da er alle Änderungen und Eingaben, die während der Aufzeichnung gemacht wurden, enthält.

Zunächst müssen die Felder, die parametrisiert werden sollen, im Struktureditor gefunden werden. In unserem obigen Beispiel befinden sich die Eingabedaten im DYNPRO 2 (im DYNPRO 1 wurde der Button „Person" betätigt). Daher muss der Strukturbaum an dieser Stelle aufgeklappt werden.

Durch einen Doppelklick auf „FIELD" wird auf der rechten Seite eine Tabelle geöffnet.

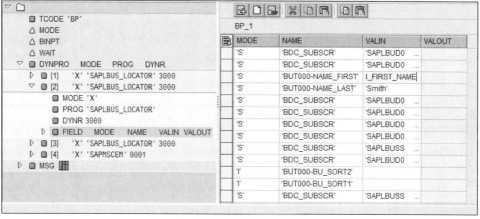

© 2009 SAP AG

Abbildung 108: Parametrisation

In dieser Tabelle müssen nun die Eingabedaten durch Parameternamen ersetzt werden. Anstelle von „John" sollte dann der Parametername I_FIRST_NAME an dieser Stelle stehen. Durch ENTER wird diese Änderung bestätigt und ein Dialog wird angezeigt. Im folgenden Dialog sollte „Import" ausgewählt werden, da an dieser Stelle Daten in das Skript importiert werden.

© 2009 SAP AG

Abbildung 109: Message – Parameter Maintenance

Anschließend erscheint der Parameter in der Parameterliste.

Parameter	Description	Value	I/...	Parameter Reference	Target System	ABAP T...	Length	Dec...
I_FIRST_NAME	BDC field value	John	I	BDC_FVAL		C	132	

© 2009 SAP AG

Abbildung 110: Parameter List – Entry

Diese Vorgehensweise muss für jedes zu parametrisierende Feld wiederholt werden. Für das Beispiel bietet sich an, Titel, Vorname, Nachname, Straße, Straßennummer, Stadt, Postleitzahl und Staat zu parametrisieren.

Parameter	Description	Value	I/...	Parameter Reference	Target System	ABAP T...	Length	Dec...
I_STATE	State	11	I	REGIO		C	3	
I_COUNTRY	Country	de	I	LAND1		C	3	
I_CITY	City	Berlin	I	AD_CITY1		C	40	
I_ZIP_CODE	ZIP Code	10001	I	AD_PSTCD1		C	10	
I_STREET_NUM...	Street number	6	I	AD_HSNM1		C	10	
I_STREET	Sreet	Test Drive	I	AD_STREET		C	60	
I_LAST_NAME	Last name	Smith	I	BU_NAMEP_L		C	40	
I_TITLE	Title	0002	I	AD_TITLETX		C	30	
I_FIRST_NAME	First name	John	I	BU_NAMEP_F		C	40	

© 2009 SAP AG

Abbildung 111: Parameter List – Import

Die Werte, die während der Aufnahme eingegeben wurden, werden zum „Default Value". Die Spalte „Parameter Reference" dient dazu, automatisch den Datentyp und die Eingabelänge festzulegen. Um diese Referenz herauszufinden, werden die technischen Informationen der entsprechenden Felder benötigt (Feld auswählen, F1, 🔧). Das Feld „Data Element" enthält die Referenz und kann in die Parameterliste eingefügt werden. Nach dem Speichern werden dann die Spalten „ABAP Type" und „Length" aktualisiert.

Sollte während der Wiedergabe des Testskripts ein falscher Datentyp oder eine zu lange Eingabe getätigt werden, wird der Testfall als fehlerhaft gekennzeichnet.

Nach Abschluss der Parametrisierung können durch Ändern des Feldes „Default Value" die Eingabedaten für jeden Parameter verändert werden.

Zur Demonstration werden die „Default Values" abgeändert. State Code ändert sich von 11 (Berlin) zu 111 (nicht definiert), dadurch wird ein Fehler provoziert. Der Vorname wird in Marta, die Straßennummer in 5 und der Titel in 0001 (Anrede: Frau) geändert.

Zum Ausführungsmenü gelangt man durch Betätigen des Symbols ⊕. Der erste Reiter „Shared" enthält Optionen, wie nach dem Auftreten eines Fehlers zu verfahren ist.

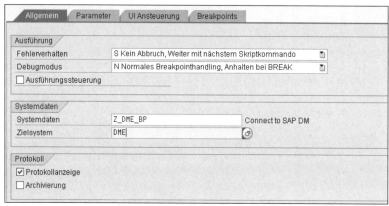

© 2009 SAP AG

Abbildung 112: Execution – Shared

Die folgenden Fehlerbehandlungsoptionen werden angeboten:

- – V – Ausführung wird unterbrochen und führt die nächste Variante der Eingabedaten aus.
- – T – Ausführung wird unterbrochen und führt die nächste Testkonfiguration durch.
- – X – Die Ausführung wird unterbrochen.
- – S – Die Ausführung wird nicht unterbrochen und fährt mit dem nächsten Befehl im Script fort.

Die Option V ist auszuwählen, wenn man verschiedene Varianten testen möchte. Man startet beispielsweise am Freitagabend das Testskript mit dieser Option und alle Varianten werden getestet, auch wenn bei einzelnen ein Fehler auftritt. Die Beschreibung der Optionen bezüglich des Feldes „Debugging Mode" und der Reiter „Breakpoints" erfolgt in Kapitel 4.6 eCATT Debugger.

© 2009 SAP AG

Abbildung 113: Execution – UI Control

Der Reiter „Parameter" zeigt alle Parameter der Parameterliste an. Der Reiter „UI Control" beinhaltet die Ausführungsmodi des TCD-Treibers, die bereits im oberen Teil beschrieben wurden. Für den Fall, dass die Option „Use Default" ausgewählt wurde, wird der Ausführungsmodus verwendet, der bereits im Struktureditor angegeben ist. Nachdem die Ausführung nach Wunsch eingestellt wurde, muss erneut die Schaltfläche ⊕ betätigt werden. Mit dem ausgewählten Ausführungsmodus N wird das Skript im Hintergrund ausgeführt und die Ergebnisse im Protokoll angezeigt.

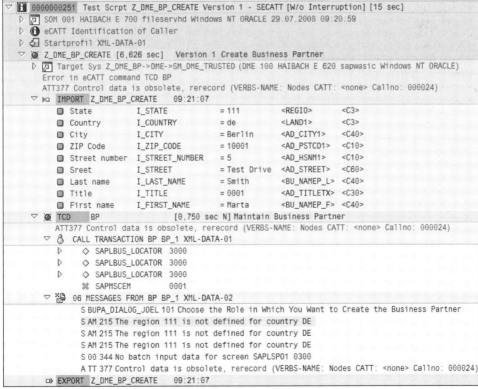

© 2009 SAP AG

Abbildung 114: Log – Failed

Wie erwartet, ist der Testfall rot markiert, was bedeutet, dass er fehlgeschlagen ist. Es konnte kein Bundesland in Deutschland mit dem Schlüssel 111 gefunden werden. Die Baumstruktur des Protokolls enthält alle Informationen, die zu dieser Ausführung gehören.

Nach Speichern der Geschäftspartnerdaten bekommt der Geschäftspartner eine eindeutige Nummer zugewiesen. Zur späteren Verwendung sollte diese Nummer in einem Exportparameter abgelegt werden.

Der Knoten „DYNPRO" im Struktureditor enthält vier weitere Unterknoten. Der letzte Knoten (4) beinhaltet die letzte Meldung, die von der Transaktion aufgerufen wurde. Nach Öffnen dieses Unterknotens und dem Klicken auf den Eintrag „FIELD" wird auf der rechten Seite eine Tabelle angezeigt. Der Name „LAST_MSG-VAR1" steht für die erste von drei möglichen Variablen, die einer Meldung übergeben werden können. Im Feld „VALIN" ist jetzt die Bezeichnung des Exportparameters anzugeben und das Feld „MODE" muss in G (get value) geändert werden.

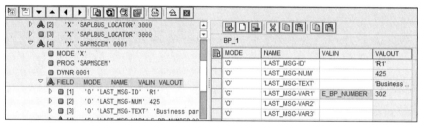

© 2009 SAP AG

Abbildung 115: Command Interface – Last DYNPRO

Parameter	Description	Value	I/...	Parameter Reference	Target System	ABAP T...	Length	Dec...	Group
E_BP_NUMBER	BDC field value		E	BDC_FVAL		C	132		

© 2009 SAP AG

Abbildung 116: Export-Parameter

Um zu überprüfen, ob die Nummer dem Exportparameter übergeben wird, ist eine erneute Wiedergabe des Skripts vonnöten. Der Schlüssel für die Bundesländer sollte dabei auf einen gültigen Wert eingestellt werden (zum Beispiel 11 für Berlin).

Nach dieser Ausführung ist der Protokolleintrag grün gekennzeichnet. Außerdem kann der Wert des Exportparameters eingesehen werden.

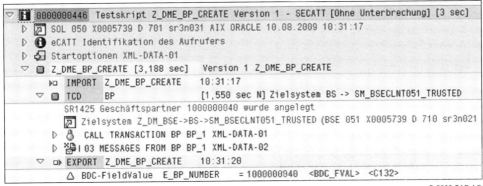

© 2009 SAP AG

Abbildung 117: Log – Passed

4.2.4.3 SAP-GUI-Treiber (Skript: Zuordnung einer Rolle)

Der SAP-GUI-Treiber ermöglicht die Aufnahme und Wiedergabe von „Enjoy Transaktionen".

Vorab wird ein neues Testskript (siehe Testskript-Attribute und Editor auf Seite 74) mit dem Namen Z_DME_BP_CHANGE_ROLE angelegt. Der Titel sollte die Funktion näher beschreiben, in diesem Fall „Business Partner – Change Role". Die restlichen Attribute können analog zum ersten Testskript angegeben werden.

Nach Betätigen der Schaltfläche „Pattern" wird der SAPGUI-REC-Treiber ausgewählt.

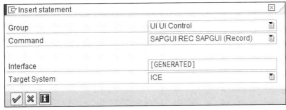

© 2009 SAP AG

Abbildung 118: Insert Statement – SAPGUI

Es existieren fünf verschiedene Möglichkeiten, um ein SAPGUI-Kommando/Befehl zu erstellen:

- *Manual Generation:* Der Benutzer entscheidet, wann ein Kommando im Skript erstellt wird.

- *Per Dialog Step:* Für jeden Austausch zwischen Front- und Backend wird automatisch ein Befehl in das Skript aufgenommen.

- *After Every Screen Change (Per Dynpro):* Ereignisse, die zu einem Dynpro gehören, werden zu einem Befehl zusammengesetzt.

- *After Each Transaction:* Ereignisse, die zu einer Transaktion gehören, werden zu einem Befehl zusammengesetzt.

- *For Each Session:* Ereignisse, die zwischen dem Start und dem Ende der SAPGUI-Sitzung liegen, werden zu einem Befehl zusammengeführt [3, Seite 190].

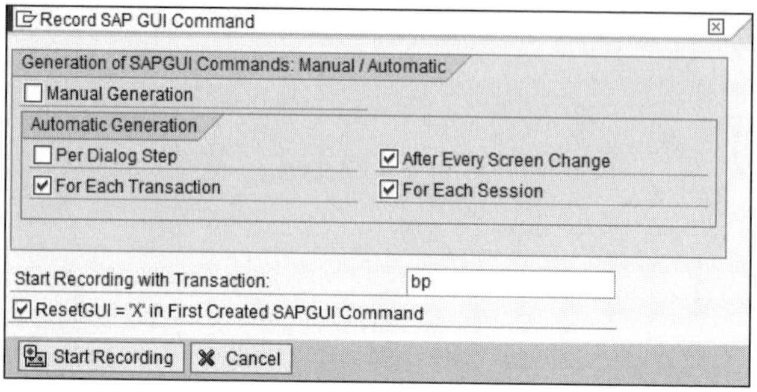

© 2009 SAP AG

Abbildung 119: Record SAPGUI – Settings

Nach Betätigen des Buttons „Start Recording" öffnet sich ein Fenster.

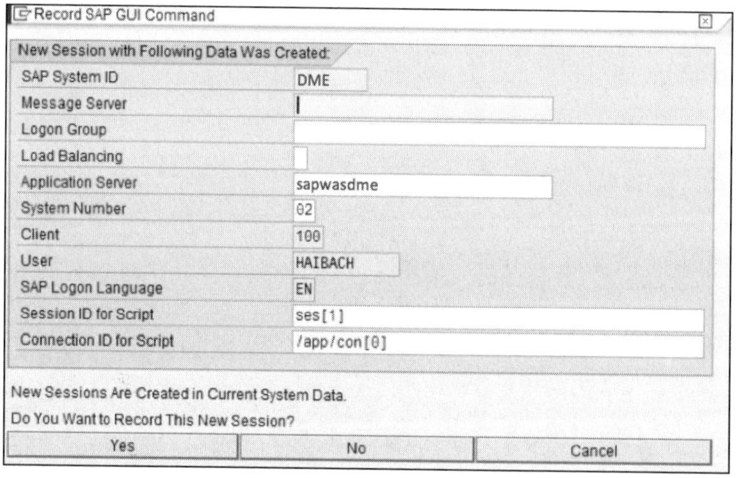

© 2009 SAP AG

Abbildung 120: Record SAPGUI – Information

Nach Bestätigung wird eine neue SAP Sitzung mit der entsprechenden Transaktion geöffnet und die Aufnahme startet. Neben der neuen Sitzung wird parallel der folgende Dialog angezeigt.

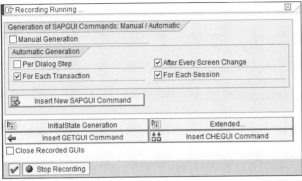

© 2009 SAP AG

Abbildung 121: Dialog – Recording Running

Das Skript soll später dazu dienen, die Rolle eines Geschäftspartners zu ändern, von 000000 Business Partner (General) zu BCA001X Bank Costumer – Private. Diese Rolle wird benötigt, um für einen Geschäftspartner ein Bankkonto anzulegen.

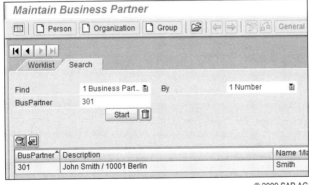

© 2009 SAP AG

Abbildung 122: Business Partner – Search

Die Geschäftspartnernummer wird in das Suchfeld eingegeben und die Suche gestartet. Ein Doppelklick auf das Suchergebnis öffnet das Datenblatt. Um die Daten ändern zu können, muss in den Bearbeitungsmodus durch Klicken auf das Symbol ✐ gewechselt werden. Anschließend kann die Rolle „BCA001X Bank Costumer – Private" ausgewählt werden.

Einige Beispiele für Rollen:

- Business Partner (General)
- Bank Costumer – Private
- Correspondence – Recipient
- Card Holder

© 2009 SAP AG

Abbildung 123: Change Role

Die Parametrisierung beginnt bereits während der Aufnahme, da die Felder, die parametrisiert werden sollen, als separate Befehle eingefügt werden müssen. Dazu dient der Dialog „Recording Running", der parallel zur Aufnahme aktiv ist.

Der SAPGUI Command entspricht dem S-Modus (Set Value) des TCD-Treibers, der GETGUI Command dem G-Modus (Get Value) und der CHECKGUI Command dem C-Modus (Check Value).

Die Schaltfläche „Insert GETGUI Command" und das anschließende Markieren des Felds/Bereichs (Abbildung 124) öffnet ein Fenster mit Baumstruktur (Abbildung 125).

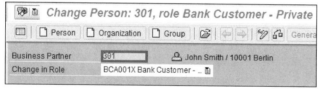

© 2009 SAP AG

Abbildung 124: GETGUI – Frame

Die Felder, die in der Baumstruktur markiert werden, werden in die Kommandoschnittstelle des Befehls kopiert. In diesem Beispiel soll nur die Geschäftspartnernummer exportiert werden, also ist nur das Textfeld, das die Nummer enthält, auszuwählen. „Insert and Exit" schließt das Fenster und kehrt zur Aufnahmesitzung zurück.

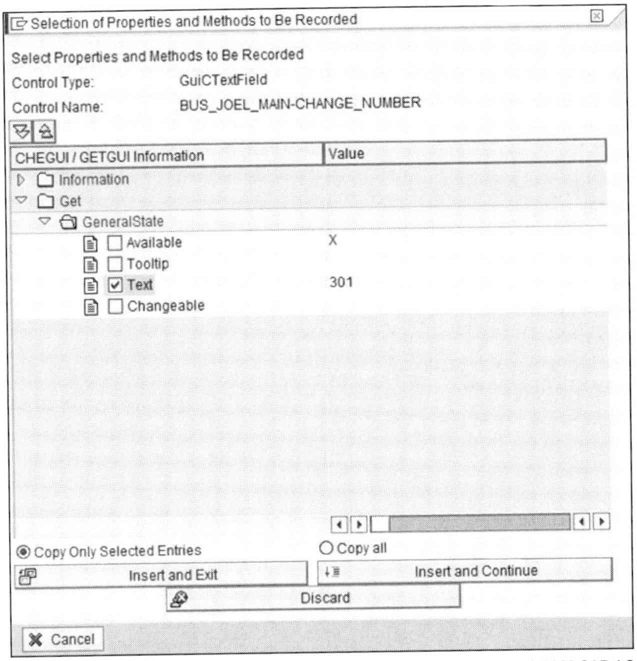

Abbildung 125: Dialog – Selection of Properties

Man verändert die Rolle, drückt auf Save und klickt [img] an. Danach drückt man Stop Recording (Dialog Recording Running, siehe Seite 93). Das Kommando CHECKGUI arbeitet analog dem Kommando GETGUI.

Ein Klick auf den CHECKGUI-Befehl.

– Markieren des Feldes oder Bereichs, was mit einem roten Rahmen versehen werden soll.

– Auswahl des Feldes, das auf die CHECKGUI-Kommandoschnittstelle kopiert werden soll.

– Betätigen des Buttons „Insert and Exit".

Im Vergleich zur TCD-Kommandoschnittstelle haben diese Kommandos eine andere Syntax. Das TCD-Kommando hat die Struktur

TCD(transaction code, command interface, target system),

das SAPGUI/GETGUI/CHECKGUI-Kommando die Struktur

... GUI(command interface, target system).

Das Zielsystem ist nicht erforderlich, weil es bereits in den Attributen des Testskripts eingegeben wurde.

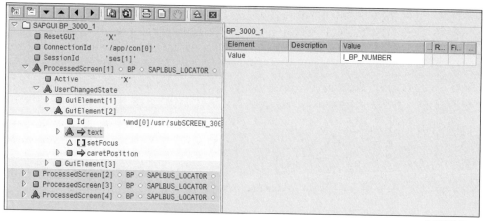

© 2009 SAP AG

Abbildung 126: Command Interface – SAPGUI

Die SAPGUI-Kommandoschnittstelle wird für die Parametrisierung, der SAPGUI-Treiber zum Aufzeichnen genutzt. Falls ResetGUI mit einem X markiert ist, wird die Transaktion, die zur ProcessedScreen [1] (zum Beispiel BP) gehört, aufgerufen, als ob der Präfix/n eingetragen worden wäre. Die „ConnectionId" und die „SessionId" sind Informationen, um die Session zu identifizieren. Die Kommandos, die in derselben Session auszuführen sind, müssen dieselbe „ConnectionId" und „SessionId" haben. Wenn ein Teil der Transaktion erneut aufgezeichnet werden muss und in das bestehende Testskript eingetragen werden soll, müssen die „ConnectionID" und die „SessionId" umbenannt werden, damit sie zu den anderen identifizierenden Informationen passen. Des Weiteren ist das Erscheinen des Items SystemInfo möglich, das Informationen über das System enthält.

Das Item ProcessedScreen besteht aus den folgenden Optionen und Informationen:

- „Active": Ohne die Option Active zu markieren, wird dieses ProcessScreen nicht ausgeführt. Ein X bedeutet, dass sie aktiv ist und durchgeführt wird, und eine 0 bedeutet, dass sie durchgeführt wird, wenn das DYNPRO erscheint.
- „Transaction" enthält den Transaktionscode.
- „Program" enthält den Programmnamen.
- „ScreenNumber" enthält die Bildschirmnummer.
- „Message" enthält die aufgezeichneten Nachrichten.
- „InitialState" enthält den aufgezeichneten Anfangsstatus der GUI-Elemente.
- „UserChangedState" enthält die vom Nutzer ausgeführten Veränderungen am Status der GUI-Elemente [I7].

Das obige Beispiel beinhaltet nicht alle Items (Abbildung 126), aber es wäre möglich. Um die SAPGUI-Kommandoschnittstelle zu parametrisieren, wählt das ProcessedScreen aus, wo der Parameter eingetragen werden soll. Anstatt des Wertes wird der Name des Parameters aufgeschrieben. Das Verfahren arbeitet analog zur Parametrisierung des TCD-Treibers, die Ansicht der Kommandoschnittstellen ist aber unterschiedlich.

In diesem Beispiel müssen zwei Import-Parameter erstellt werden, der erste für den Suchtext (Geschäftspartner Nummer) und der zweite für den Rollen-Schlüssel.

Die GETGUI-Kommandoschnittstelle enthält die „ConnectionId" und „SessionId" und ebenfalls die „ApplicationInfo". Des Weiteren wird das Item, das während der Aufzeichnung eingegeben wurde, angezeigt. Es wird GuiElement genannt. In diesem Beispiel enthält es das Textfeld mit der Geschäftspartner-Nummer. Um einen Parameter zu erstellen, schreibt man den Namen des Parameters im Feld „Value".

© 2009 SAP AG

Abbildung 127: Command Interface – GETGUI

Die CHECKGUI-Kommandoschnittstelle unterscheidet sich von der GETGUI-Kommandoschnittstelle nur in einem Punkt – sie ermöglicht die Auswahl von „CheckAction".

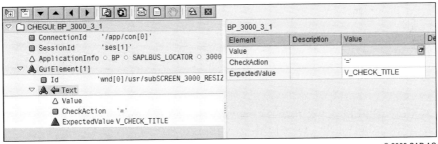

© 2009 SAP AG

Abbildung 128: Command Interface – CHECKGUI

Das Beispiel überprüft, ob der Titel des Geschäftspartners auf 0002 „Dear Mr." eingestellt wurde. Die eingetragenen Kommandos GETGUI und CHECKGUI sind für dieses Beispiel nicht erforderlich, es zeigt aber, wie sie genutzt werden können. Um der aktuellen Funktion des Skripts (Änderung der Rolle eines Geschäftspartners) zu entsprechen, sind nur die beiden Importparameter nötig.

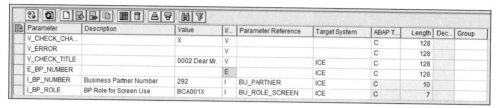

	Parameter	Description	Value	I/...	Parameter Reference	Target System	ABAP T...	Length	Dec...	Group
	V_CHECK_CHA...		X	V			C	128		
	V_ERROR			V			C	128		
	V_CHECK_TITLE		0002 Dear Mr.	V		ICE	C	128		
	E_BP_NUMBER			E		ICE	C	128		
	I_BP_NUMBER	Business Partner Number	292	I	BU_PARTNER	ICE	C	10		
	I_BP_ROLE	BP Role for Screen Use	BCA001X	I	BU_ROLE_SCREEN	ICE	C	7		

© 2009 SAP AG

Abbildung 129: Parameter List – Change Role

Resümieren wir die aufgezeichneten Aktionen des Skripts:

1. TC BP aufrufen

2. Geschäftspartnernummer eingeben

3. Doppelklick auf das Suchergebnis

4. Display/Change Button ✍ betätigen

5. Rolle BCA001X auswählen

6. Speichern

7. Button „Display/Change" erneut betätigen

8. Optional: die Transaktion verlassen.

Der Button „Display/Change" wechselt vom Modus Display zum Modus Change und zurück. Die Rolle BCA001X kann nur im Change Modus ausgewählt werden, das heißt, der Nutzer kann einen neuen Wert eingeben. Im Modus Display ist die Auswahl einer Rolle nicht möglich. Falls der Change Modus aktiv ist, während das Skript läuft, verursacht Schritt 4 den Wechsel in den Modus Display. Dann wird Schritt 5 die Nachricht „Function code cannot be selected" (Funktionscode kann nicht ausgewählt werden) aufwerfen. Um dieses Problem zu vermeiden, zeichnet man ein neues Skript auf, fügt ein GETGUI-Kommando für das Feld „First Name" ein und markiert das Feld als änderbar (Changeable).

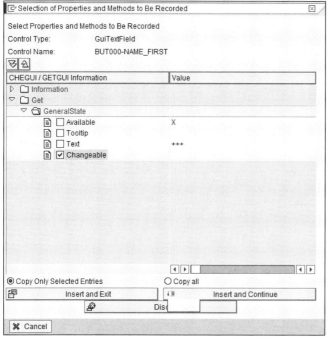

© 2009 SAP AG

Abbildung 130: GETGUI – Changeable

Es folgen: Stopp der Aufnahme und Löschung des SAPGUI-Kommandos im Command Editor und Anpassung der ConnectionId und SessionId auf das neue GETGUI-Kommando gemäß der anderen Kommandoschnittstellen.

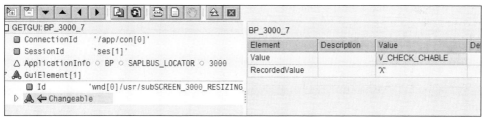

© 2009 SAP AG

Abbildung 131: GETGUI – V_CHECK_CHABLE

Dann erfolgt Sicherung des aufgezeichneten Wertes im Parameter V_CHECK_CHABLE. Dieser Parameter ermöglicht die Abfrage, ob das Feld First Name änderbar ist. Wenn dem so ist, hat V_CHECK_CHABLE den Wert X. Um eine bedingte Aussage zu konstruieren, ist es notwendig, die Kommandoschnittstelle vom aufgezeichneten SAPGUI zu trennen. Ein Doppelklick des Textes öffnet den Dialog „Change Command".

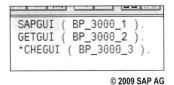

© 2009 SAP AG

Abbildung 132: Change Command

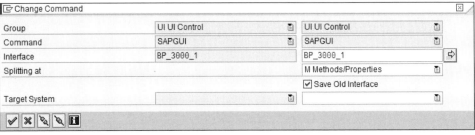

© 2009 SAP AG

Abbildung 133: Dialoge – Change Command

Das Drücken von splittet das Kommando SAPGUI (BP_3000_1). Das Auswahlfeld „Save Old Interface" behält auch das alte Kommando. Darüber hinaus stellt es ihm ein „*" als Vorzeichen vor. Der „*" am Anfang einer Zeile ist ein Zeichen für einen Kommentar. Kommentare werden nicht durchgeführt, während das Skript läuft. Sie dienen nur zum besseren Verständnis des Quellcodes.

```
*SAPGUI ( BP_3000_1 ).
SAPGUI ( BP_3000_1_1 ).
SAPGUI ( BP_3000_1_2 ).
SAPGUI ( BP_3000_1_3 ).
SAPGUI ( BP_3000_1_4 ).
SAPGUI ( BP_3000_1_5 ).
SAPGUI ( BP_3000_1_6 ).
SAPGUI ( BP_3000_1_7 ).
SAPGUI ( BP_3000_1_8 ).
SAPGUI ( BP_3000_1_9 ).
SAPGUI ( BP_3000_1_10 ).
SAPGUI ( BP_3000_1_11 ).
SAPGUI ( BP_3000_1_12 ).
SAPGUI ( BP_3000_1_13 ).
```

© 2009 SAP AG

Abbildung 134: Split Command

Jetzt ist das Kommando in Dialoge gesplittet. Die Dialoge mit der Kommando-schnittstelle BP_3000_1_1 bis BP_3000_1_8 gehören zum Suchen (Aktion 1–3). Es endet mit Doppelklick auf dem Suchergebnis. Die kritische Aktion 4 ist die nächste. Der Dialog SAPGUI(BP_3000_1_9) muss nur durchgeführt werden, wenn V_CHECK_CHABLE ungleich X ist. Eine bedingte Aussage kann durch Drücken des Pattern-Buttons eingefügt werden.

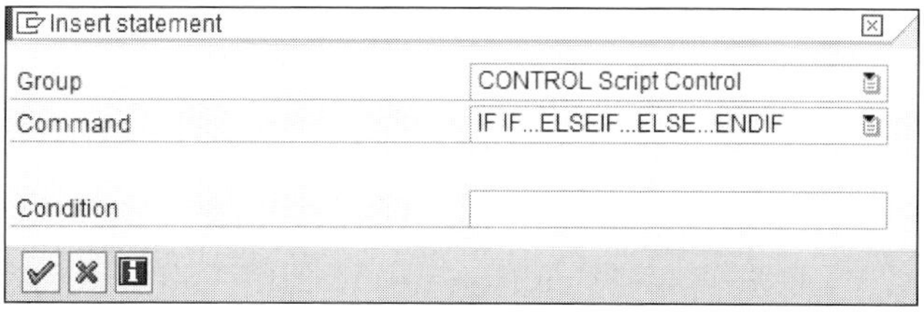

© 2009 SAP AG

Abbildung 135: Insert Statement – IF

Hier folgt das Ergebnis:

```
*SAPGUI (BP_3000_1).

SAPGUI (BP_3000_1_1).

SAPGUI (BP_3000_1_2).

SAPGUI (BP_3000_1_3).

SAPGUI (BP_3000_1_4).

SAPGUI (BP_3000_1_5).

SAPGUI (BP_3000_1_6).

SAPGUI (BP_3000_1_7)

*Double-clicking on the search result
SAPGUI (BP_3000_1_8).

*Saving value of changeability in V_CHEKC_CHABLE
GETGUI (BP_3000_7).
```

```
*Conditional statement
IF (V_CHECK_CHABLE <> 'X').

*Changing mode Display/Change
    SAPGUI (BP_3000_1_9).
ENDIF.

SAPGUI (BP_3000_1_10).
SAPGUI (BP_3000_1_11).
SAPGUI (BP_3000_1_12).
SAPGUI (BP_3000_1_13).

GETGUI (BP_3000_2).
*CHEGUI (BP_3000_3).
```

Außer der Nachricht „Function code cannot be selected" gibt es eine weitere. „No changes were made" wird angezeigt, wenn die Rolle BCA001X bereits eingestellt worden ist. Das Ziel dieses Skripts ist es, eine andere Rolle auszuwählen. Wenn das schon gemacht worden ist, ist das Ziel erreicht und das Skript läuft erfolgreich.

Durch Betätigen des Buttons ⊕ kann das Skript ausgeführt werden. Die Reiter „Shared", „Parameters" und „Breakpoints" sind unabhängig von der ausgewählten Aufzeichnungsart, wobei der Reiter „UI Control" verschiedene Optionen für die Wiedergabe eines SAPGUI-aufgezeichneten Skripts enthält.

- „Execution of ALL SAPGUI Commands in a Single Session per Destination": Für jedes Zielsystem öffnet eCATT eine neue Session.

- „Highlight the Called GUI Elements": Während der Durchführung des Skripts bekommt das aufgerufene Item einen roten Rahmen.

- „Minimize eCATT GUI": Wo eCATT läuft, wird das GUI minimiert.

- „Processing Mode for SAPGUI":
  - „N Optimized Performance": Möglicherweise werden nicht alle Stufen des Skripts korrekt angezeigt. Dies verbessert die Leistung. Wenn jeder Schritt protokolliert werden soll, sollte „Synchronous GUI Control" ausgewählt werden.
  - „S Synchronous GUI Control": sendet GUI updates direkt zum Front-End.
- „Error Mode für SAPGUI"
- „Stop When": ermöglicht die Unterbrechung des Skripts an spezifischen Stellen. Der User muss die Fortsetzung des Skripts bestätigen.
- „Stop in Debugger": wechselt in den Debug-Modus.
- „Close GUIs": schließt die Sessions, die vom eCATT Skript geöffnet wurden.
- „Save Screenshots": ermöglicht die automatische Erstellung und Speicherung von Screen shots:
  - „In case of Error"
  - „Before User Inputs"
  - „After User Inputs"
  - „After Each Property/Method Call".

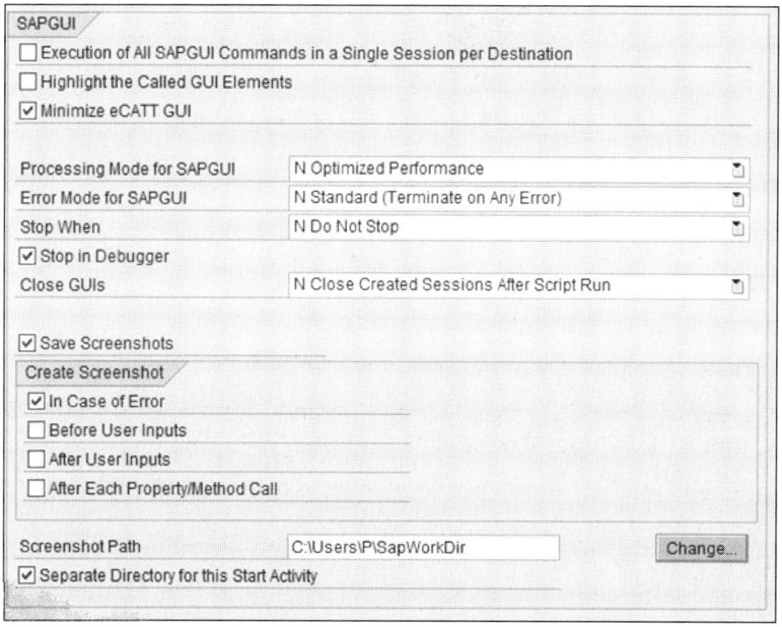

© 2009 SAP AG

Abbildung 136: SAPGUI – UI Control

4.2.5 Script: Kontoanlage

Außer den beiden Testfällen, die automatisiert und oben beschrieben sind, muss ein weiterer Testfall erstellt werden, der für die Anlage eines Kontos zuständig ist. Dies wird, unter Bezugnahme auf die obige Beschreibung, nur kurz beschrieben werden.

- Wechsel zu eCATT durch Eingabe des Transaktionscodes SECATT.
- Eingabe eines sinnvollen Namen Z_DME_BCA_CREATE_ACC und Setzen der Version auf 1. Betätigen des Buttons „Create" und der Beschreibung im Kapitel „Testskript-Attribute und Editor", Seite 74, folgen.
- Titel könnte lauten „Create bank account". Wechsel zum Skript Editor.
- Durch Betätigen des Pattern-Buttons wählt man ein Kommando zur Aufnahme, entweder SAPGUI-Treiber oder TCD-Treiber.
- Start der Aufnahme der Transaktion BCA_CN_ACCT_01.

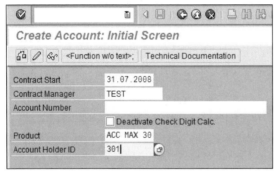

© 2009 SAP AG

Abbildung 137: Create Account

- Die Felder „Contract Start", „Contract Manager", „Product" und „Account Holder ID" müssen erfasst werden. Die Nutzung des Buttons ⬚ wird empfohlen, wenn mit dem TCD-Treiber aufgezeichnet wird. Die Nutzung des SAPGUI-Treibers verhindert die Nutzung der Suchfunktion des Feldes „Contract Manager". Die Suchfunktion basiert auf SAP Control Framework.

Bei Nutzung des SAPGUI-Treibers und gleichzeitig des Buttons ⬚ enthält das Skript keinen Text, sondern nur den Schlüssel der Tabelle (Abbildung 138). Für die Parametrisierung ist es einfacher entweder den TCD-Treiber oder den SAPGUI-Treiber zu nutzen, aber ohne die Suchfunktion. Das bedeutet, statt den Suchbutton zu betätigen, einfach den Wert eingeben.

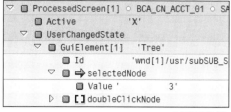

```
▽ ▣ ProcessedScreen[1]  ○ BCA_CN_ACCT_01  ○ SA
    ▣ Active           'X'
  ▽ ▣ UserChangedState
    ▽ ▣ GuiElement[1]    'Tree'
        ▣ Id            'wnd[1]/usr/subSUB_S
      ▽ ▣ ➡ selectedNode
          ▣ Value '        3'
      ▷ ▣ [] doubleClickNode
```

© 2009 SAP AG

Abbildung 138: SAPGUI – Tree Selection

- Das Konto wird nach Betätigung von ✅ angelegt.
- Bei Nutzung des SAPGUI-Treibers Einfügen von vier GETGUI-Kommandos für „Bank ctry", „Bank Key", „Account Number" und „IBAN" (International Bank Account Number).

Account Identification		
Bank ctry	DE	
Bank Key	10010010	Postbank
Account Number	0000001490	
IBAN	DE88100100100000001490	

© 2009 SAP AG

Abbildung 139: Account Identification

- Button „stop recording" betätigen oder im Falle der Nutzung des TCD-Treibers 🔼.
- Parametrisierung der Felder Contract Start, Contract Manager, Product und Account HolderID als Importparameter.
- Definition von Bank country, Bank Key, Account Number und IBAN als Exportparameter.

	Parameter	Description	Value	V...	Parameter Reference	Target System	ABAP T...	Length	Dec...	Group
	E_IBAN	BDC field value		E	BDC_FVAL		C	132		
	E_ACCOUNT_NR	BDC field value		E	BDC_FVAL		C	132		
	E_BANK_COUN...	BDC field value		E	BDC_FVAL		C	132		
	E_BANK_KEY	BDC field value		E	BDC_FVAL		C	132		
	I_CONTRACT_S...	Date of start		I	BCA_DTE_EVENT_BE...		D	8		
	I_BP_NUMBER	Business partner number	291	I	BCA_DTE_BUPA_ACC...		C	10		
	I_ACCOUNT_PR...	Account product	ACC MAX 30	I	FIPR_PRODEXT		C	10		
	I_ACCOUNT_MA...	Account Manager	TEST	I	BCA_DTE_ORGUNIT_...		C	12		

© 2009 SAP AG

Abbildung 140: Parameter List – Create Account

4.2.6 Funktionsmodule

Es folgt ein Beispiel für ein Funktionsmodul. Es ist auf dem Zielsystem (DME) programmiert. Es enthält einen Import- und einen Exportparameter.

```
FUNCTION Z_CALCULATING_TRAVEL_EXPENS.
*"----------------------------------------------------------
*"*" Local Interface:
*"  IMPORTING
*"     VALUE(I_KM) TYPE   I
*"  EXPORTING
*"     VALUE(E_AMOUNT) TYPE   F
*"  EXCEPTIONS
*"     FAILED
*"----------------------------------------------------------


e_amount = i_km * '0.3'.
IF sy-subrc <> 0.
  RAISE failed.
ENDIF.
ENDFUNCTION.
```

Dieses Modul kann in eCATT aufgerufen werden, indem man das FUN-Kommando benutzt.

Erstellen Sie ein neues Skript und erfassen Sie die Skript-Attribute wie oben beschrieben. Der Name des Skripts sollte Z_DME_FUNCTION_MODULE sein und der Titel „Travel expense". Mittels Pattern-Buttons wird das FUN-Kommando in das Test-Skript eingetragen.

© 2009 SAP AG

Abbildung 141: Function Module – Test Script

Das Funktionsmodul kann durch Betätigen des Such-Buttons gefunden werden.

© 2009 SAP AG

Abbildung 142: Function Module – Choosing

© 2009 SAP AG

Abbildung 143: Insert Statement – FUN

Die Syntax des Kommandos ist:

> **FUN** *(function module , command interface)*

Der Struktur-Editor öffnet sich nach einem Doppelklick auf die Kommandoschnittstelle, was die Parametrisierung des Skripts, wie auf Seite 80 beschrieben, ermöglicht. Die Kommandoschnittstelle enthält die Import- und Export-Parameter sowie die Fehler (Exception).

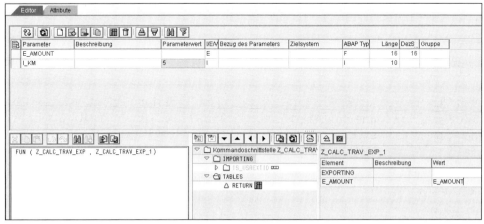

© 2009 SAP AG

Abbildung 144: Function Module – Parametrization

Nach Ausführung des Skripts erscheint das Protokoll.

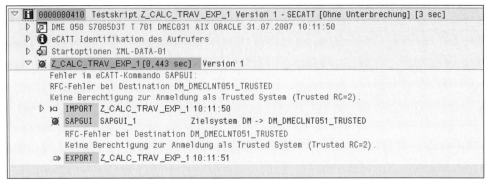

© 2009 SAP AG

Abbildung 145: LOG – FUN

4.3 Verarbeitung von Meldungen

Die Analyse der Meldungen ist ein wichtiger Teil des Testens. SAP Anwendungen zeigen Meldungen in der Statuszeile an oder als Popup-Fenster. Sie werden auch für die Datenrückgabe genutzt. Das folgende Bild zeigt eine aufgezeichnete Meldung und deren Struktur.

- Type:
  - A – Transaktion abgebrochen
  - E – Fehler
  - I – Information
  - S – Status Meldung (Erfolg)
  - W – Warnung
  - X – Exit short dump
- Text: Meldungstext
- ID: Name der Meldungsklasse
- Number: Nachrichten werden in Nachrichtenklassen aufgebaut und unter Verwendung einer dreistelligen Zahl aufgerufen. Klassen ähneln Containern.
- Parameter 1–4: Dies sind die Felder, in denen mögliche Rückgabewerte eingestellt werden. Dieses Feld wurde bereits im Skript „Create business partner" angewandt (Seite 80), um die Geschäftspartnernummer im Export-Parameter zu sichern.

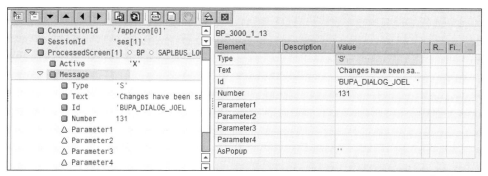

© 2009 SAP AG

Abbildung 146: Message

Die aufgetretenen Meldungen können vom **MESSAGE (MSG_1) ... ENDMES-SAGE (E_MESSAGE_1)** Kommando aufgefangen werden. Jede Nachricht, die zwischen diesen Kommandos vorkommt, wird aufgezeichnet. Seit Release 6.40 kann das MESSAGE ... ENDMESSAGE-Kommando für SAPGUI, TCD, FUN und ABAP ... ENDABAP-Kommandos genutzt werden. Release 6.20 erlaubt diese Art von Umgang mit den Meldungen nur dem SAPGUI-Treiber. Die Kommandoschnittstelle bezüglich dieses ENDMESSAGE-Kommandos ist analog zum Knoten MSG des TCD-Treibers. Beide enthalten eine Tabelle von aufgetretenen Meldungen. Die MESSAGE-Kommandoschnittstelle erlaubt das set up eines Filters.

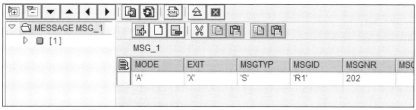

© 2009 SAP AG

Abbildung 147: Command Interface – MESSAGE

Das Kernelement dieses Filters ist MODE. Es gibt vier verschiedene Einstellungen:

- R – Jede mit R markierte Meldung im Filter ist erforderlich. Dies bedeutet, wenn die Meldung, während das Skript läuft, nicht angezeigt wird, wird das MESSAGE ... ENDMESSAGE-Kommando fehlschlagen.

- E – steht für erwartet. Das MESSAGE ... ENDMESSAGE-Kommando ist erfolgreich, wenn eine der mit E markierten Meldungen während des Skriptlaufs angezeigt wird. Sollte nur eine Meldung mit E markiert sein, wird es wie ein R behandelt.

- A – Die mit A markierte Nachricht (allow) wird ignoriert. Ob das Kommando korrekt ausgeführt wird oder fehlschlägt, hängt nicht von dieser Art Meldung ab.

- F – Eine mit F (fail) markierte Meldung ist unzulässig. Das MESSAGE … ENDMESSAGE-Kommando ist erfolgreich, wenn keine mit F markierte Meldung angezeigt wird.

Tritt eine Meldung dort auf, wo die EXIT-Spalte mit einem X markiert ist, beendet sie den MESSAGE … ENDMESSAGE Block. Die aufgetretene Meldung wird mit jedem einzelnen der eingestellten Filter verglichen, wobei man mit dem ersten in der Tabelle beginnt. Deshalb ist die Reihenfolge der erstellten Filter wichtig. Es ist möglich, nur die MSGID einzustellen, wenn ein ganzes Bündel von Meldungen einer Meldungsklasse genutzt werden soll. Falls keine Regel zu der aufgetretenen Meldung passt oder es ist gar keine Meldung definiert, gibt es noch Standardregeln, die letztendlich in Betracht gezogen werden. Zum Beispiel betreffen Nachrichten des Typs E immer einen Fehler, I und W werden ignoriert und S ist immer ein Erfolg.

Wie oben erwähnt, enthält die ENDMESSAGE-Kommandoschnittstelle eine Tabelle, wo alle im Meldungsblock aufgetretenen Meldungen verwaltet werden. Nachdem der MESSAGE … ENDMESSAGE Block ausgeführt ist, kann die Sammlung von aufgetretenen Meldungen genutzt werden. Das Beispiel (Command Interface – MESSAGE, Seite 109) erlaubt die Meldungsnummer 202 der Klasse R1. Es ist eine Statusmeldung und, wenn sie auftritt, wird der Meldungsblock beendet. Diese Meldung tritt auf, wenn die Rolle des Geschäftspartners bereits eingestellt und der Button zum Speichern schon gedrückt ist und lautet „No changes were made". Der MESSAGE … ENDMESSAFE Block wird in das Skript Z_DME_BP_CHANGE_ROLE eingefügt und schließt alle Kommandos mit ein.

Genau unter dem ENDMESSAGE-Kommando ist es möglich, die Meldungssammlung zu analysieren. Dafür kann ein DO … ENDO-Kommando genutzt werden. Neben dem DO-Kommando kann die Anzahl der Loops eingestellt werden. Wenn man es bezogen auf die Meldung nutzt, ist es sinnvoll, eine Variable einzufügen, die die Anzahl der aufgetretenen Meldungen enthält. eCATT stellt eine besondere Variable bereit. &TFILL gibt die Anzahl der Tabelleneinträge zurück. Es bezieht sich auf die zuletzt editierte Tabelle. Wenn es gleich nach dem ENDMESSAGE-Kommando genutzt wird, enthält es die Einträge der Meldungstabelle. Des Weiteren stellt eCATT die Variable &LPC bereit, die die Loops in einem DO … ENDO-Kommando zählt.

```
MESSAGE ( MSG_1 ).
*Former test script Z_DME_BP_CHANGE_ROLE
ENDMESSAGE ( E_MSG_1 ).
DO &TFILL.
    IF E_MSG_1[&LPC]-MSGNR = 202.
        V_ERROR = 'Just an example!'.
        LOG (V_ERROR).
        LOGTEXT ( 'This command causes an error' ).
        LOGMSG ( LOGMSG_1 ).
    ENDIF.
ENDDO.
```

Der Source Code zeigt das eingeschlossene MESSAGE ... ENDMESSAGE-Kommando des Z_DME_BP_CHANGE_ROLE Skripts. Es läuft einen Loop über alle im Skript aufgerufenen Meldungen und führt einige Statements durch, nachdem es das bedingte Statement durchlaufen hat. Wenn die Meldung mit der Nummer 202 auftritt, wird das von IF ... ENDIF-Kommando eingeschlossene Statement durchgeführt.

LOG (Parameter): schreibt einen Log-Eintrag mit dem Wert des Parameters.

LOGTEXT (Parameter, string): schreibt einen Fehlereintrag ins Log, der das Fehlschlagen des Testfalls verursacht.

LOGMSG (command interface): ermöglicht den Aufruf einer Meldung vom Zielsystem (vordefiniert oder selbst erstellt). Alle Meldungen stehen in der Tabelle T100. Mit TC SE91 ist es möglich, eine neue Meldungsklasse zu erstellen und existierende anzuzeigen.

Diese Kommandos wurden nur eingefügt, um die Möglichkeiten von LOG-Kommandos zu zeigen. Sie sind nicht erforderlich.

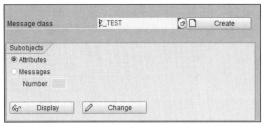

© 2009 SAP AG

Abbildung 148: Create Message class

Es wurden folgende Schritte durchgeführt: Eingabe eines Namens und Betätigung des Buttons „Create". Wechsel zum Reiter „Messages" und Angabe der im Testskript benötigten Nachrichten. Der Schlüssel „&" steht für den ersten Parameter der Meldung, vier Parameter können genutzt werden. Das erste „&" steht für den ersten Parameter, das zweite für den zweiten Parameter und so weiter.

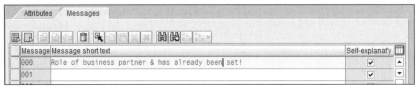

© 2009 SAP AG

Abbildung 149: Message created

Das Beispiel nutzt nur ein „&" als Import-Parameter für die Geschäftspartnernummer. Im Kommando Editor öffnet sich die Struktur der LOGMSG-Kommandoschnittstelle nach einem Doppelklick.

© 2009 SAP AG

Abbildung 150: Command Interface – LOGMSG

MSGTYP enthält die Information, um welche Art Meldung es sich handelt. Die MSGID und MSGNR definieren die eingefügte Meldung und MSGV1 ist die erste von vier Variablen, die vom Import Parameter I_BP_NUMBER genutzt werden.

Nach der Ausführung des Skripts, indem man eine Geschäftspartnernummer nutzt, deren Rolle bereits eingestellt ist, endet das MESSAGE … ENDMESSAGE-Kommando, wenn die Meldung „No changes were made" aufgerufen wird. Das Ergebnis des Logs und LOGTEXT-Kommandos werden im Log unten angezeigt. Aufgrund der Nutzung dieser Kommandos in den Skripten ist es nicht sinnvoll, es mit einem * für die weiteren Schritte als Kommentar zu kennzeichnen. Der Testfall schlägt wegen des LOGTEXT-Kommandos fehl.

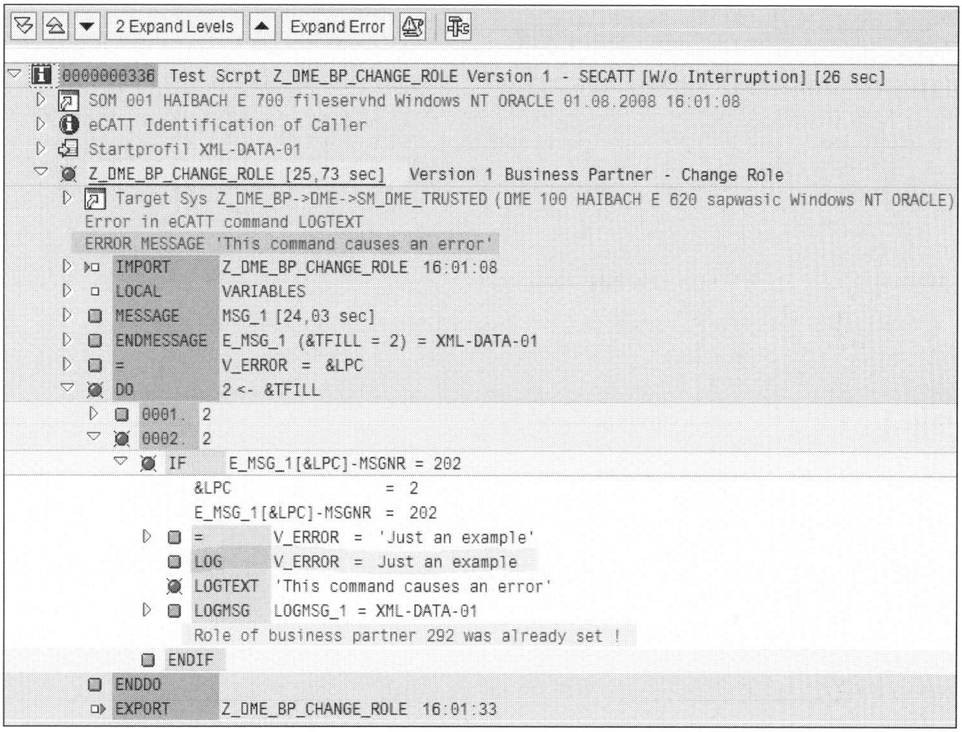

```
▽  △  ▼   2 Expand Levels   ▲   Expand Error   △≣   ┇

▽ ℹ 0000000336  Test Scrpt Z_DME_BP_CHANGE_ROLE Version 1 - SECATT [W/o Interruption] [26 sec]
  ▷ ↗ SOM 001 HAIBACH E 700 fileservhd Windows NT ORACLE 01.08.2008 16:01:08
  ▷ ⓘ eCATT Identification of Caller
  ▷ ⚙ Startprofil XML-DATA-01
  ▽ ⚙ Z_DME_BP_CHANGE_ROLE [25,73 sec]  Version 1 Business Partner - Change Role
    ▷ ↗ Target Sys Z_DME_BP->DME->SM_DME_TRUSTED (DME 100 HAIBACH E 620 sapwasic Windows NT ORACLE)
       Error in eCATT command LOGTEXT
       ERROR MESSAGE 'This command causes an error'
    ▷ ▷□ IMPORT      Z_DME_BP_CHANGE_ROLE 16:01:08
    ▷ □ LOCAL        VARIABLES
    ▷ □ MESSAGE      MSG_1 [24,03 sec]
    ▷ □ ENDMESSAGE   E_MSG_1 (&TFILL = 2) = XML-DATA-01
    ▷ □ =            V_ERROR = &LPC
    ▽ ⚙ DO           2 <- &TFILL
      ▷ □ 0001.  2
      ▽ ⚙ 0002.  2
        ▽ ⚙ IF       E_MSG_1[&LPC]-MSGNR = 202
             &LPC                = 2
             E_MSG_1[&LPC]-MSGNR = 202
          ▷ □ =       V_ERROR = 'Just an example'
            □ LOG     V_ERROR = Just an example
            ⚙ LOGTEXT 'This command causes an error'
          ▷ □ LOGMSG  LOGMSG_1 = XML-DATA-01
             Role of business partner 292 was already set !
        □ ENDIF
    □ ENDDO
    ⇨ EXPORT         Z_DME_BP_CHANGE_ROLE 16:01:33
```

© 2009 SAP AG

Abbildung 151: Message – Log

4.4 Modularisierung

Das Wort Modularisierung beschreibt die Möglichkeit von eCATT Skripten, andere Skripte aufzurufen. Es ermöglicht das Aufteilen von Geschäftsprozessen in einzelne Teilprozesse. Jeder Teilprozess des Geschäftsprozesses kann einzeln getestet werden und, wenn er sich nach Einführung eines neuen Releases geändert hat, muss nur dieser Teilprozess angepasst werden. Wenn ein Geschäftsprozess durch ein großes Testskript abgedeckt wird, erschwert dies die Behebung von Fehlern und die Einarbeitung von Änderungen. Auf der anderen Seite ist bei der Modularisierung eines solchen Testskripts zusätzlich Zeit für die Planung zu berücksichtigen. Ein weiterer Vorteil der Modularisierung ist die Möglichkeit, existierende CATT-Skripte (Computer Aided Test Tool, Vorgänger von eCATT) und Testskripte von anderen Tools aufzurufen. Darüber hinaus ist es möglich, zumindest Teile der erstellten Skripte in anderen Projekten zu nutzen.

Das REF-Kommando ermöglicht den Aufruf anderer Skripte. Die Syntax lautet:

REF (eCATT-Script , command interface , target system)

Wenn das Zielsystem (target system) nicht mitgegeben wird, wird das aufgerufene Skript im Default-Zielsystem vom aufrufenden Skript ausgeführt.

Der nächste Schritt, um die oben kreierten Skripte zusammenzubringen, ist ein Master-Skript zu erstellen, der Beschreibung auf Seite 74 folgend (Testskript-Attribute und Editor). Der Name sollte Z_DME_BP_MASTER lauten und der Titel „Master: Creation of business partner and account". Die anderen Daten sind dieselben, wie zuvor erwähnt. Man wechselt zum Reiter „Editor" und gibt mit Hilfe des Pattern-Buttons das REF-Kommando ein.

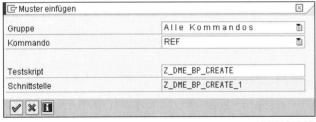

© 2009 SAP AG

Abbildung 152: Insert Statement – REF

```
REF ( Z_DME_BP_CREATE , Z_DME_BP_CREATE_1 ).
REF ( Z_DME_BP_CHANGE_ROLE , Z_DME_BP_CHANGE_ROLE_1 ).
REF ( Z_DME_BCA_CREATE_ACC , Z_DME_BCA_CREATE_ACC_1 ).
```

Ergänzung des REF-Kommandos im Z_DME_BP_CREATE, Z_DME_BP_CHANGE_ROLE und Z_DME_BCA_CREATE_ACC Skript.

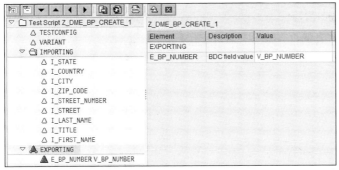

© 2009 SAP AG

Abbildung 153: Command Interface – REF (Create Business Partner)

Die Import- und Export-Parameter werden im Struktur Editor angezeigt. Das Skript Z_DME_BP_CREATE legt einen Geschäftspartner mit den in Abbildung 153 angezeigten Import-Parametern an. Nach Sicherung der Eingaben durch Drücken des Buttons save gibt die Meldung die Nummer des neuen Geschäftspartners zurück. Es ist der Export-Parameter E_BP_NUMBER. Der Wert dieses Export-Parameters wird für die Auswahl der Rolle BCA001X benötigt, die für die Anlage eines Kontos erforderlich ist. Um den Wert in den Import-Parameter vom Skript Z_DME_BP_CHANGE_ROLE zu übertragen, ist es im Parameter V_BP_NUMBER gesichert.

	Parameter	Description	Value	I/...	Parameter Reference	Target System	ABAP T...	Length	Dec...	Group
	V_BP_NUMBER	BDC field value		V	BDC_FVAL		C	132		

© 2009 SAP AG

Abbildung 154: Parameter List – Master

Die Parameter müssen als Import-Wert der Geschäftspartnernummer in den Skripten Z_DME_BP_CHANGE_ROLE und Z_DME_BCA_CREATE_ACC eingefügt werden.

© 2009 SAP AG

Abbildung 155: Command Interface – REF (Change Role)

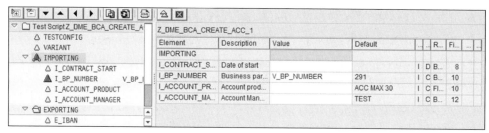

© 2009 SAP AG

Abbildung 156: Command Interface – REF (Create Bank Account)

Kopieren Sie alle Import-Parameter von Parameterliste der drei Skripte bis auf Parameter I_BP_NUMBER und fügen sie in das Master Skript. Verbinden Sie die Import-Parameter mit den korrespondierenden Feldern der REF-Kommando-schnittstellen.

© 2009 SAP AG

Abbildung 157: Connection of the Import Parameter

Die komplette Parameterliste des Master Skripts wird im folgenden Bild angezeigt.

Parameter	Description	Value	I/...	Parameter Reference
V_BP_NUMBER	BDC field value		V	BDC_FVAL
I_STATE	State	11	I	REGIO
I_COUNTRY	Country	de	I	LAND1
I_CITY	City	Berlin	I	AD_CITY1
I_ZIP_CODE	ZIP Code	10001	I	AD_PSTCD1
I_STREET_NUM...	Street number	5	I	AD_HSNM1
I_STREET	Sreet	Test Drive	I	AD_STREET
I_LAST_NAME	Last name	Smith	I	BU_NAMEP_L
I_TITLE	Title	0001	I	AD_TITLETX
I_FIRST_NAME	First name	Marta	I	BU_NAMEP_F
I_BP_ROLE	BP Role for Screen Use	BCA001X	I	BU_ROLE_SCREEN
I_CONTRACT_S...	Date of start		I	BCA_DTE_EVENT_BE...
I_ACCOUNT_PR...	Account product	ACC MAX 30	I	FIPR_PRODEXT
I_ACCOUNT_MA...	Account Manager	TEST	I	BCA_DTE_ORGUNIT_...

© 2009 SAP AG

Abbildung 158: Parameter List – Master

Das Kommando REFCATT ermöglicht den Aufruf von CATT-Skripten.

REFCATT (CATT script , command interface , target system)

Die Kommandoschnittstelle wird benötigt, um Daten zwischen Master und CATT-Skripten zu transferieren. Die Ergebnisse werden im CATT Log dokumentiert. Das eCATT Log referenziert auf das CATT Log. Das Kommando REMOTECATT ermöglicht den Aufruf eines CATT-Skriptes, das auf einem anderen System gespeichert ist und auf einem weiteren Zielsystem laufen soll.

REMOTECATT (CATT script , command interface , target system)

Das Zielsystem (target system) ist das System, auf dem das CATT-Skript gespeichert ist. Dieses System hat ein RFC zum Testsystem.

4.5 Testdaten und Testkonfiguration

4.5.1 Testdaten

Die Testkonfiguration bringt Systemdaten, Testskript und Testdaten zusammen. Die Testdaten können durch einen Testdaten-Container oder verlinkt mit dem Testskript via Testkonfiguration eingetragen werden. Es gibt verschiedene Strategien. Die Testkonfiguration bietet den manuellen Input von Testdaten (Varianten). Diese Varianten sind an die Testkonfiguration und das Testskript gebunden. Diese Art von Input ist nur für kleinere Skripte sinnvoll, die keine anderen Skripte aufrufen. Falls man ein Skript verändern möchte, müssen die Varianten ebenfalls korrigiert werden. Eine andere Möglichkeit ist, für jede Testkonfiguration einen Testdaten-Container zu erstellen. Wenn man einen Parameter in zwei verschiedenen Testkonfigurationen nutzt und somit in verschiedenen Testskripten, müssen beide Testdaten-Container verwaltet werden. Änderungen an einem bedeutet gleichzeitig auch Änderung an dem zweiten Container. Die dritte Möglichkeit ist, einen Testdaten-Container für eine Applikation zu erstellen. Jeder Parameter, der in einem Testskript, das zu dieser Applikation gehört, verwendet wird, wird in einem Container verwaltet. Für große Projekte kann die Anzahl der Parameter sehr groß werden, sodass die Verwaltung schwierig wird. Die Empfehlung ist, Testdaten-Container in Abhängigkeit vom Inhalt zu erstellen, zum Beispiel alle Daten des Geschäftspartner-Moduls zusammen in einem Container und alle Daten zur Kontoverwaltung in einem anderen Container zu halten.

Um den ersten Testdaten-Container zu erstellen, wechselt man zum Startbildschirm von eCATT (TC SECATT), markiert die Box neben dem Testdatenfeld, tippt den Namen Z_DME_BP ein und drückt dann den Button „Create". Der Titel lautet „Business Partner" und die anderen Felder des Reiter „Attributes" sind dieselben wie in den anderen eCATT-Objekten. Die Daten des Wartungsystems sind

Z_DME_BP für den Systemdaten-Container und DME für das Zielsystem. Man wechselt zum Reiter „Parameter", drückt den „White paper create"-Button und öffnet das Master-Testskript Z_DME_BP_MASTER in einer separaten Session. Man markiert die Parameter, die zum Geschäftspartner-Modul gehören, auf der Parameterliste des Master-Skripts.

I_STATE	State	11	I	REGIO		C	3
I_COUNTRY	Country	de	I	LAND1		C	3
I_CITY	City	Berlin	I	AD_CITY1		C	40
I_ZIP_CODE	ZIP Code	10001	I	AD_PSTCD1		C	10
I_STREET_NUM...	Street number	5	I	AD_HSNM1		C	10
I_STREET	Sreet	Test Drive	I	AD_STREET		C	60
I_LAST_NAME	Last name	Smith	I	BU_NAMEP_L		C	40
I_TITLE	Title	0001	I	AD_TITLETX		C	30
I_FIRST_NAME	First name	Marta	I	BU_NAMEP_F		C	40
I_BP_ROLE	BP Role for Screen Use	BCA001X	I	BU_ROLE_SCREEN		C	7

© 2009 SAP AG

Abbildung 159: Test data – Business Partner

Kopieren Sie die markierten Zeilen und fügen sie in die leeren Zeilen des Testdaten-Containers.

Parameter	Description	Value	Parameter Reference	Target System	ABAP T...	Length
I_STATE	State	11	REGIO		C	3
I_COUNTRY	Country	de	LAND1		C	3
I_CITY	City	Berlin	AD_CITY1		C	40
I_ZIP_CODE	ZIP Code	10001	AD_PSTCD1		C	10
I_STREET_NUM...	Street number	5	AD_HSNM1		C	10
I_STREET	Sreet	Test Drive	AD_STREET		C	60
I_LAST_NAME	Last name	Smith	BU_NAMEP_L		C	40
I_TITLE	Title	0001	AD_TITLETX		C	30
I_FIRST_NAME	First name	Marta	BU_NAMEP_F		C	40
I_BP_ROLE	BP Role for Screen Use	BCA001X	BU_ROLE_SCREEN		C	7
I_BP_NUMBER	Business Partner Number	292	BU_PARTNER	ICE	C	10

Parameters / Variants / Attributes

© 2009 SAP AG

Abbildung 160: Test Data – Parameters

Vorsicht, die eingefügten Spalten sind nicht in der richtigen Reihenfolge. Man markiert die Spalten und fügt sie dort ein, wo sie hingehören. Der Parameter I_BP_NUMBER muss aus dem Skript Z_DME_BP_CHANGE_ROLE kopiert und ebenfalls in die Parameter eingefügt werden. Außer der Copy-and-Paste-Methode stellt eCATT einen anderen Weg bereit, um diese Parameter aus dem Master-Testskript einzufügen. Man wählt das Menü „Edit – Import Parameters".

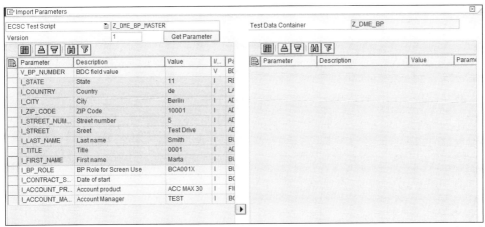

© 2009 SAP AG

Abbildung 161: Import Parameters

Man fügt den Namen des Master-Skripts ein und markiert die Parameter, die zum Geschäftspartner gehören. Danach drückt man den Pfeil-Button in der Mitte des Fensters, wählt das Z_DME_BP_CHANGE_ROLE Skript und markiert auch den Parameter I_BP_NUMBER. Wenn jeder zu dem Modul gehörende Parameter auf der rechten Seite des Fensters ist, klickt man auf den Button „Copy". Die ausgewählten Parameter erscheinen in der Parameterliste des Testdaten-Containers. Es wird empfohlen das Import-Menü zu nutzen.

Nachdem man zum Reiter „Variants" gewechselt ist, bauen die zuvor eingefügten Parameter die Spalten der Varianten auf. Die in das Testskript eingegebenen Werte werden zur ECATTDEFAULT-Zeile.

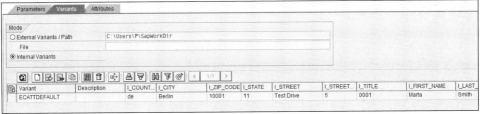

© 2009 SAP AG

Abbildung 162: Test Data – Variants

Das Einfügen von Varianten kann auf zwei verschiedene Arten erfolgen. Bei der ersten drückt man einfach auf den „White-paper"-Button, um eine neue Zeile an die Varianten-Liste anzuhängen, und gibt einen Datensatz ein.

Die zweite Methode ist, auf eine externe MS Excel-Tabelle zu referenzieren. Diese Tabelle muss jedoch den eCATT-Formatierungsregeln entsprechen. Um diese Anforderungen zu erfüllen, drückt man „Edit – Variants – Download", wählt ein Ziel-Verzeichnis aus und speichert dieses txt-File. Dann öffnet man dieses File mit MS Excel und fügt Varianten entsprechend den vorgegebenen Konventionen ein. Danach speichert und schließt man die Tabelle. Nun überprüft man das Item External Variants/path. Der Pfad kann nur im Menü Utilities-Einstellungen auf dem Reiter „External" geändert werden. Das Feld File sollte den File-Namen enthalten. Die Ausführung der verschiedenen Varianten hängt vom extern gesicherten File ab. Es ist nicht im SAP System integriert und somit für jedermann verfügbar.

Die empfohlene Möglichkeit ist, die Varianten aus dem editierten File upzuloaden. Die Varianten werden mit MS Excel verwaltet. Nach dem Speichern und Schließen baut das File die Basis für die Erstellung der Varianten im Testsystem. Das Uploaden wird über das Menü „Edit – Variants – Upload" gestartet.

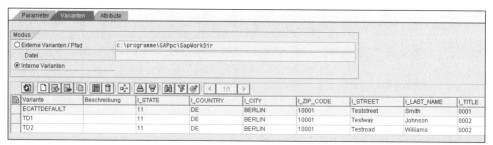

© 2009 SAP AG

Abbildung 163: Uploaded Variants

Nach Abschluss des Uploads können die Testdaten gespeichert werden. Dann erstellt man einen neuen Container für die Kontenverwaltung, fügt die zugehörenden Parameter I_CONTRACT_START, I_ACCOUNT_PRODUCT und I_ACCOUNT_MANAGER ein und vergibt den Namen Z_DME_ACC und den Titel „Account". Dann fügt man noch einige Varianten an und speichert die Testdaten. Danach sichert man den Testdaten-Container. Sollte eine Zelle ohne Wert vorhanden sein, nimmt eCATT automatisch den Default-Wert an.

In der Realität werden beim Testen des gesamten Moduls Kontoverwaltung mehr als drei Parameter vorhanden sein. Aber für einen Einblick ist es ausreichend.

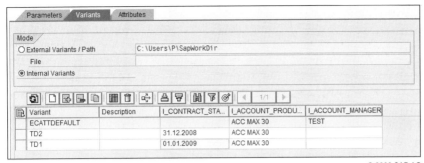

© 2009 SAP AG

Abbildung 164: Test Data – Account

4.5.2 Testkonfiguration

Um eine Testkonfiguration zu erstellen, ruft man den TC SECATT auf und markiert die erste Box-Testkonfiguration. Der Name der Testkonfiguration sollte dem des Testskriptes entsprechen. Falls man das Master-Skript benutzt, sollte der Name Z_DME_BP_MASTER sein. Nachdem man den Button „Create" gedrückt hat, öffnet sich der bereits bekannte Reiter „Attributes". Man fügt die Überschrift „Master: Business Partner and Account" ein.

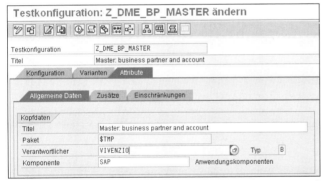

© 2009 SAP AG

Abbildung 165: Test Configuration – Attributes

Nach dem Wechsel zum Reiter „Configuration" erfasst man die richtigen Systemdaten und die Daten des Testskriptes, das mit dieser Testkonfiguration ausgeführt werden soll.

Unser Beispiel Z_DME_BP_MASTER betreffend, drücken Sie den „White-paper"-Button im Bereich „Test Data" und erfassen den Testdaten-Container für den Geschäftspartner und die Kontoverwaltung.

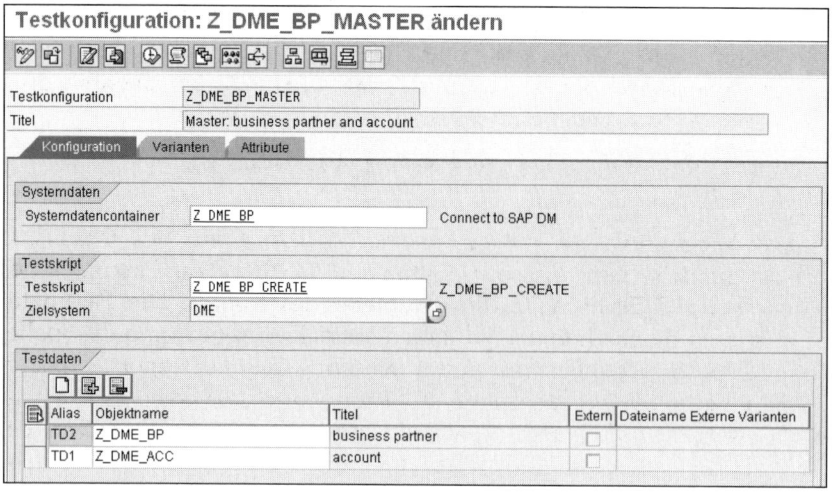

© 2009 SAP AG

Abbildung 166: Test Configuration – Configuration

Der Reiter „Variants" arbeitet ähnlich wie der Reiter „Variants" im Testdaten-Container. Es gibt auch eine Möglichkeit, Varianten aus einem File upzuloaden (Seite 117), um Varianten zu starten, die eine externe Tabelle nutzen, und manuell Varianten anzuhängen. Dennoch können nicht alle Varianten in die Testkonfiguration eingefügt oder zu anderen Testkonfigurationen übertragen werden. Daher ist es besser, zuerst einen Testdaten-Container zu erstellen und dann die Varianten zu übertragen. Nach Wechsel auf den Reiter „Variants" wird als erste Variante „ECATTDEFAULT" angezeigt. Die Spalten werden zu den Import-Parametern, die für die Parametrisierung des Master-Skripts benötigt werden. Um weitere Varianten in der Liste zu ergänzen, drücken Sie den Button ▨, um den Assistenten zur Verwaltung von Varianten zu starten.

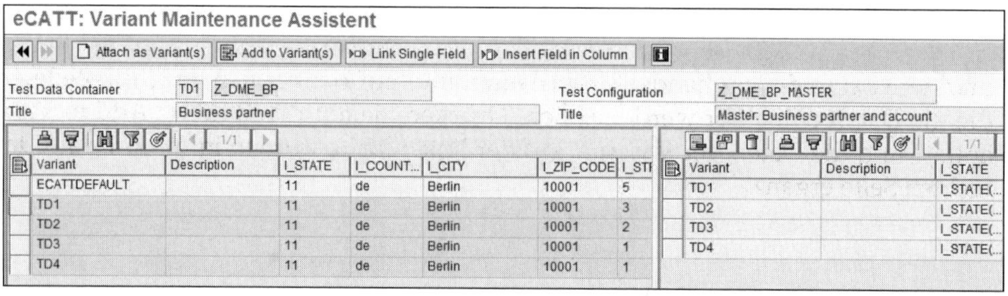

© 2009 SAP AG

Abbildung 167: Variant Maintenance Assistent

Das Symbol Doppelpfeil ermöglicht die Auswahl des verlinkten Testdaten-Containers. Die in diesem Container erstellten Varianten werden auf der linken Seite des Fensters angezeigt, wohingegen die rechte Seite die Varianten enthält, die in die Testkonfiguration integriert werden sollten.

Es gibt verschiedene Optionen, um Daten von der linken auf die rechte Seite zu bringen.

Das Kommando „Attach as variant (s)" fügt die hervorgehobenen Varianten in das rechte Fenster ein. Im Beispiel enthält der Container Z_DME_BP die Parameter des Geschäftspartners und Z_DME_ACC die Parameter des Kontos. Die Parameter beider Gruppen bilden die Spalten der Varianten-Liste. Deswegen kann die Spalte, die zum Geschäftspartner gehört, nur unter Nutzung des korrespondierenden Testdaten-Containers gefüllt werden und die Daten des Kontos nur von seinem Container bereitgestellt werden. Um beide Testdaten-Container zu kombinieren, wird das Statement „Add to Variant(s)" benutzt. Um dies für unser Beispiel zu tun, wechselt man zum Testdaten-Container des Geschäftspartners durch Nutzung des Doppelpfeil-Symbols im „Variant Maintenance Assistenten". Man selektiert alle Varianten, die in die Testkonfiguration eingefügt werden sollen, und drückt den Button „Attach as Variant(s)". Die ausgewählten Elemente werden jetzt im linken Fenster angezeigt. Nun scrollt man zum rechten Ende des rechten Fensters.

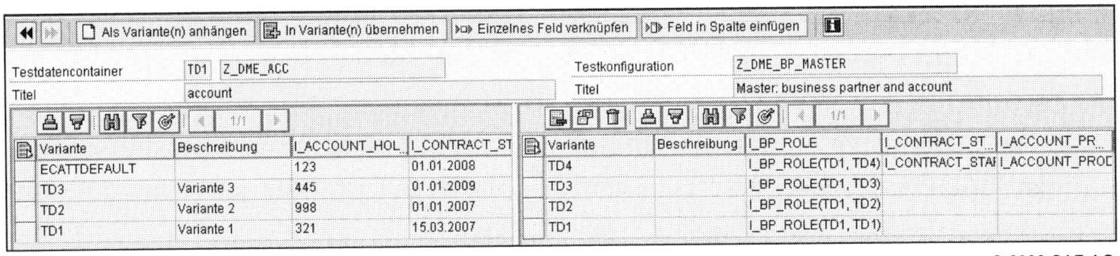

© 2009 SAP AG

Abbildung 168: Add to Variant(s)

Am Ende des rechten Fensters werden die Spalten I_CONTRACT_START, I_ACCOUNT_PRODUCT und I_ACCOUNT_MANAGER angezeigt. Die Zellen sind leer. Wechseln Sie zum Konto-Testdaten-Container im linken Fenster und markieren eine der vorhandenen Varianten und auf der rechten Seite die Zeile, in die die Daten eingefügt werden sollen. Drücken Sie auf den Button „Add to Variant(s)" und die Daten der Variante auf der linken Seite werden in die Zeile auf der rechten Seite ergänzt.

Das Kommando „Link Single Field" ermöglicht die Übertragung von einzelnen Feldern. Markieren Sie im linken Fenster das Feld, das ins rechte Fenster übertragen werden soll und im rechten Fenster die Zelle, in die es eingefügt werden soll. Drücken Sie den Button „Link Single Field", um die Daten zu übertragen.

Das Statement „Insert Field in Column" weist einer kompletten Spalte den Wert einer Zelle zu. Eine Referenz zum ausgewählten Feld im linken Fenster wird in die leeren Zellen der Spalte eingefügt. Die erste Zeile der Spalte I_ACCOUNT_MANAGER beinhaltet bereits eine Referenz von einer früheren Aktion. Damit werden mit dem Button „Insert Field in Column" alle leeren Zellen mit der anderen Referenz gefüllt.

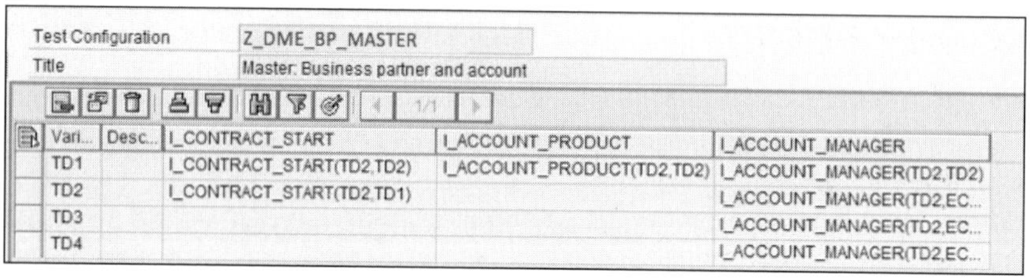

Test Configuration		Z_DME_BP_MASTER		
Title		Master: Business partner and account		

Vari...	Desc...	I_CONTRACT_START	I_ACCOUNT_PRODUCT	I_ACCOUNT_MANAGER
TD1		I_CONTRACT_START(TD2,TD2)	I_ACCOUNT_PRODUCT(TD2,TD2)	I_ACCOUNT_MANAGER(TD2,TD2)
TD2		I_CONTRACT_START(TD2,TD1)		I_ACCOUNT_MANAGER(TD2,EC...
TD3				I_ACCOUNT_MANAGER(TD2,EC...
TD4				I_ACCOUNT_MANAGER(TD2,EC...

© 2009 SAP AG

Abbildung 169: Create Variants

Das Menü „Assistant-Exit" bringt uns zurück zur Variantenliste. Die erstellten Varianten sind nun in der Liste eingefügt. Die Werte der Varianten sind nur Referenzen zum Testdaten-Container. Die Einträge I_CONTRACT_START(TD2,TD1) referenziert auf den Parameter I_CONTRACT_START der Variante TD1 des Testdaten-Containers TD2. Die Spalte „Execute" liefert Markierungsboxen zur Auswahl der auszuführenden Varianten. Der Button öffnet das Ausführungsmenü (Seite 88, „Execution – Shared"). Ein weiterer Klick auf den Button „Execute" startet die Ausführung. Die Erstellung einer Testkonfiguration für ein einzelnes Skript verläuft analog.

4.6 eCATT Debugger

Der eCATT Debugger ermöglicht eine schrittweise Ausführung eines Testskriptes. Um den Debugger auszuführen, gibt man das zu überprüfende Testskript ein. In unserem Beispiel ist das Z_DME_BP_CHANGE_ROLE. Danach setzt man einen Breakpoint am Anfang des IF-Statements. Dazu positioniert man den Cursor auf die Zeile, wo der Breakpoint gesetzt werden soll, und wählt „Utilities – Breakpoint – Set/Delete".

```
*    Saving value of changeability in V_CHEKC_CHABLE
     GETGUI ( BP_3000_7 ).

     IF ( V_CHECK_CHABLE <> 'X' ).

         SAPGUI ( BP_3000_1_9 ).
```

© 2009 SAP AG

Abbildung 170: Breakpoint

Nach Betätigen des Ausführungsbuttons öffnet sich das entsprechende Menü.

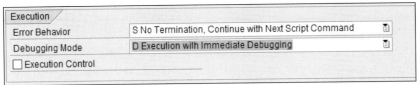

© 2009 SAP AG

Abbildung 171: Debugging Mode

Für das Feld „Debugging Mode" gibt es verschiedene Auswahlmöglichkeiten:

- D – Ausführung mit sofortigem Debugging
- E – Stopp, wenn ein Fehler auftritt
- I – Ignoriere Breakpoints
- N – Normale Behandlung von Breakpoints, Stopp an einem Breakpoint.

Die Auswahl der Option „D" startet den Debugger.

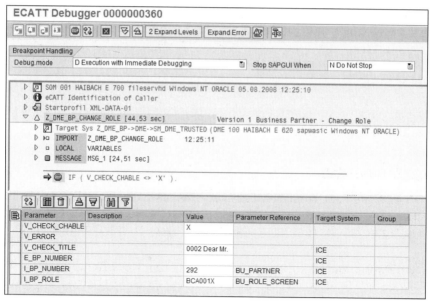

© 2009 SAP AG

Abbildung 172: eCATT – Debugger

Tabelle 7: Debugger – Functions [I8]

Key	Funktion
F5	**Einzelschritt** Führt ein einzelnes eCATT-Kommando aus. Wenn mit REF auf ein anderes Testskript referenziert wird, kann man auch dort im Einzelschritt durch das Skript debuggen.
F6	**Ausführung** Führt ein einzelnes eCATT-Kommando komplett aus. Wenn mit REF auf ein anderes Testskript referenziert wird, sieht man nicht die einzelnen Schritte dieses anderen Testskripts.
F7	**Zurück** Innerhalb eines REF-Kommandos erfolgt die Ausführung bis zum Ende des referenzierten Testskripts und stoppt hinter dem REF-Kommando.
F8	**Fortsetzen** Ausführung bis zum nächsten Breakpoint oder zum Ende des Skripts, wenn vorher kein weiterer Breakpoint mehr erreicht wird.

Darüber hinaus ermöglicht der Debugger, während der Ausführung Parameter-Werte zu verändern. Die im Skript genutzten Parameter werden in der Liste unter dem Debugging-Fenster angezeigt. Zum Beispiel der Wert von V_CECK_CHABLE = X, was bedeutet, dass das vom IF-Kommando eingeschlossene Statement nicht ausgeführt werden wird.

4.7 Weitere Möglichkeiten

4.7.1 CHETTAB/GETTAB

Das CHETTAB-Statement vergleicht Feldwerte von Datenbanktabellen mit in die Kommandoschnittstelle eingegebenen Werten. Es wird benutzt, um zu überprüfen, ob die Datenbank aktualisiert worden ist, nachdem die Transaktion durchgeführt worden war.

Das GETTAB-Statement sucht korrespondierend zu den in der Kommandoschnittstelle eingestellten Werten einen Wert in der Datenbanktabelle. Der erste Datensatz des Suchergebnisses wird in der Kommandoschnittstelle gesichert. Die anderen Ergebnisse sind nur durch Nutzung eines INLINE-ABAP oder eines passenden Funktionsmoduls erreichbar.

Die Tabelle wird nach einem Wert durchsucht, der unter Nutzung der Kommandoschnittstelle zurückgegeben wird. Die in die Kommandoschnittstelle eingegebenen Werte passen zur WHERE-Kondition des SELECT-Kommandos der Structured Query Language (SQL). Die Schlüsselfelder der Tabelle werden mit „k" markiert. Diese Felder müssen mindestens mit einem * eingestellt werden.

5   Wirtschaftlichkeit

5.1   Was ist zu beachten?

Die Entwicklung von automatisierten Testskripten verursacht Kosten. Diese Kosten werden durch das extensive und häufige Testen der aufgezeichneten Prozesse gedeckt. Darüber hinaus ist es sinnvoll, die Standardprozeduren eines Moduls aufzuzeichnen. Eine Standardprozedur ist Teil der Software, die essentiell ist für das ganze Produkt. Spezielle Einstellungen, die nur für einen Kunden gemacht werden, eignen sich in der Regel nicht, automatisiert zu werden.

Im Fall von SAP DM sind die Module für Geschäftspartner, für die Erstellung von Zahlungstransaktionen, für Konten- oder Kartenverträge gute Beispiele für die Automatisierung. Diese Module können nicht nur für den Regressionstest, sondern auch für Tests in anderen Projekten genutzt werden.

Das Design der Testfälle ist durchzuführen, unabhängig davon, ob sie manuell oder automatisiert ausgeführt werden. Einer der wichtigsten Schritte beim Testen von Software ist der Test der Anforderungen, also dessen, was der Kunde bzw. Auftraggeber bestellt hat. Hier existiert eine direkte Abhängigkeit: Die Qualität der Testfälle hängt von der Qualität der Anforderungen ab.

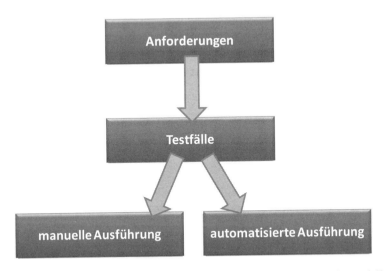

Abbildung 173: Zusammenspiel zwischen Anforderungen und Testfall

Damit Anforderungen, die zwischen Auftraggeber und Auftragnehmer schriftlich abgestimmt sein sollten, eine entsprechende Qualität vorweisen, sollten sie folgende neun Eigenschaften erfüllen:

- *Korrektheit:* stellt die Einhaltung der Unternehmensstandards, Regeln und Vorschriften sicher.

- *Vollständigkeit:* Alle Informationen hinsichtlich der Anforderungen sollten enthalten sein. Die funktionalen Anforderungen sollten auf die von den Anwendern auszuführenden Aufgaben fokussiert sein. Dies minimiert die Möglichkeit, Anforderungen zu überlesen.

- *Konsistenz:* Die Anforderungen widersprechen sich nicht untereinander.

- *Testbarkeit:* Die Anforderungen müssen durch Inspektion, Analyse oder Test überprüft werden.

- *Realisierbarkeit:* Stellt sicher, dass die Realisierung der Anforderungen möglich ist.

- *Notwendigkeit:* Eine Anforderung muss einen Mehrwert oder Vorzug für ein Projekt bringen.

- *Priorisierung:* Die Priorisierung der Anforderungen ermöglicht dem Testmanager, auf Veränderungen zu reagieren, wie beispielsweise die Kürzung des Budgets.

- *Eindeutigkeit:* Anforderungen müssen eindeutig formuliert sein.

- *Nachvollziehbarkeit:* Anforderungen müssen nachvollziehbar sein. Dies begründet die Existenz der Anforderungen [2, Seite 51].

Testfälle müssen verwaltet werden. Bei manuellen Testfällen reicht es, die Dokumentation aktuell zu halten, wohingegen bei den automatisierten Testfällen die Verwaltung aufwendiger ist, was an deren Komplexität liegt. Die meisten Capture and Replay Tools basieren auf einer Skriptsprache, daher sind Programmierkenntnisse sehr hilfreich. Selbst bei der Nutzung von Tools, die absolute Benutzerfreundlichkeit bieten, müssen die verantwortlichen Personen genau wissen, wie mit diesem Tool umzugehen ist, wohingegen Änderungen bei den manuellen Testfällen einfach durch Öffnen und Ändern des entsprechenden Dokuments durchgeführt werden. Darüber hinaus müssen automatisierte Testfälle administriert werden. Die Entwicklung, Administration und Verwaltung dieser automatisierten Testfälle fordert eine entsprechende Expertise.

Sollte eCATT nicht das favorisierte Testtool sein, so ist das Tool eines Drittlieferanten zu kaufen und zu implementieren.

5.2 Aufwandsvergleich

Der folgend aufgeführte Aufwandsvergleich bezieht sich auf Standardtestfälle, die sich – wie bereits erwähnt – zu automatisieren lohnen. Einige Beispiele für Standardtestfälle:

- Anlage/Änderung Geschäftspartner Person, Organisation, Gruppe
- Anlage/Änderung Konto Produkt 1
- Anzeige Konto Produkt 1 etc.

Die Ausführung eines manuellen Testfalles erfordert etwa 10 bis 30 Minuten in Abhängigkeit der Komplexität des Testfalles. Diese Zeitspanne bezieht sich auf die erfolgreiche Ausführung ohne Auftreten von Fehlern. Sollte ein Fehler auftreten, erhöht sich die für diesen Testfall erforderliche Zeit sofort. Der Fehler muss dokumentiert und zum entsprechenden Entwickler weitergeleitet werden. Sobald der Entwickler den Fehler behoben hat, kann der Testfall erneut durchgeführt werden.

Die Ausführung eines automatisierten Testfalles erfordert meist weniger als 5 Minuten, gleichzeitig können mehrere Testfälle kombiniert werden. Das bedeutet einen hohen zeitlichen Vorteil, wenn die Testfälle automatisiert ausgeführt werden. Tritt ein Fehler auf, dokumentiert dies das Capture and Replay Tool automatisch im entsprechenden Protokoll. Nach Korrektur des Fehlers durch den Entwickler kann das Testskript bezogen auf das betroffene Modul erneut ausgeführt werden.

Neben dem zeitlichen Vorteil bei der Ausführung der Testfälle muss auch die Entwicklung der Automation betrachtet werden. Die Entwicklung eines Testskripts muss geplant werden. Als Basis für den Plan können die manuell ausgeführten Testfälle dienen, die in vorhergehenden Testprojekten erstellt wurden. Darüber hinaus ist es wichtig zu wissen, welche Eingangs- und Ausgangsparameter für die Skripte definiert werden müssen. Die folgende Tabelle zeigt eine Aufwandsschätzung für einen Testfall.

Tabelle 8: Manuell vs. automatisiert

Aktivität	manuell	automatisiert
Entwicklung (Planung, Aufnahme, Parametrisierung, Modularisierung, Testdaten)	–/–	4 h (240 Minuten)[1]
Ausführung	10–30 Minuten	< 5 Minuten
Behandlung von Fehlern	15 Minuten	< 5 Minuten
Ausführung (Regressionstest)	10–30 Minuten	< 5 Minuten

---

1 Die Zeit für die Entwicklung ist die Durchschnittszeit einer Person, die bisher wenig Erfahrung mit der Testautomatisierung hat. Für einen erfahrenen Testautomatisierer erfolgt die Entwicklung wesentlich schneller [13].

5.3 Beispielrechnungen

Die obige Tabelle zeigt die Unterschiede in der Ausführung, Dokumentation und Entwicklungsphase. Um diese Unterschiede in einer Formel auszudrücken, sind folgende Definitionen erforderlich:

- n steht für die Anzahl der Projekte, in denen die Testfälle genutzt werden.
- m steht für die Anzahl an Wiederholungen eines Testfalls innerhalb eines Projekts.
- t steht für die Menge der Fehler, die während der Testfallausführung auftreten ($t < m$).
- Als durchschnittliche Ausführungszeit für einen manuellen Testfall werden 20 Minuten angenommen.

Die linke Seite der Formel bezieht sich auf die manuelle und die rechte Seite auf die automatisierte Ausführung. Wie in der obigen Tabelle gezeigt, liegt die Dauer für die Fehlerbehandlung bei manuell ausgeführten Testfällen 15 Minuten, wohingegen es bei automatisierter Ausführung 5 Minuten sind.

$$n\ (20m + 15t) > n\ (5m + 5t) + 240$$

Um die automatisierten Testskripte auch in anderen Projekten nutzen zu können, ist ein entsprechender Anpassungsaufwand vorzusehen. Für das erste Projekt ist dafür nichts vorzusehen, daher wird der Faktor n–1 vorangestellt. Die Zeit für Anpassung wird mit 10 Minuten angenommen.

$$n\ (20m + 15t) > n\ (5m + 5\ ) + 240 + (n - 1)10$$

Als Erstes ist es interessant herauszufinden, in wie vielen Projekten der Testfall genutzt werden muss, um den Automatisierungsaufwand zu rechtfertigen.

$$n > 230/(15m + 10t - 1)$$

Tabelle 9: Kalkulation I

Fehler \ Wiederholung	2	3	4	5	6
0	11,5	6,6	4,6	3,5	2,9
1	7,7	5,1	3,8	3,1	2,6
2		4,2	3,3	2,7	2,3
3			2,9	2,4	2,1
4				2,2	1,9

Die Anzahl der Projekte nimmt mit zunehmender Wiederholungsfrequenz ab. Diese Tabelle ist ein direkter Vergleich zwischen manuell und automatisiert ausgeführter Testfällen. Je häufiger ein Testfall genutzt wird, desto mehr lohnt es sich, ihn zu automatisieren. In den meisten Fällen wird ein Testfall für ein Modul nicht nur für den Modultest, sondern auch für den Systemtest, Integrationstest und den Abnahmetest genutzt. Das bedeutet, dass die Anzahl der Läufe steigt. Darüber hinaus läuft das Skript, nachdem Änderungen im System durchgeführt wurden, beispielsweise wenn neue Features freigegeben wurden.

Tabelle 10: Kalkulation II

Fehler \ Wiederholung	4	5	6	7	8
0	4,6	3,5	2,9	2,4	2,1
1	3,8	3,1	2,6	2,2	1,9
2	2,3	2,7	2,3	2,0	1,8
3	2,9	2,4	2,1	1,8	1,6
4		2,2	1,9	1,7	1,5

Das obige Beispiel zeigt lediglich den Test eines Moduls. Aber die Automation von Testfällen mit Capture and Replay Tools ermöglicht, die Testskripte miteinander zu verlinken. Somit können mehrere Testfälle auf einmal ausgeführt werden. Nach Entwicklung der Skripte für die Standardtestfälle wird ein Masterskript erstellt, das alle Standardtestfälle verbindet. Nachdem das System für Tests freigegeben ist, kann der Tester die Tests über Nacht oder während des Wochenendes laufen lassen und die Ergebnisse am Morgen des nächsten Arbeitstages analysieren. Sollten Fehler aufgetreten sein, sind sie im Protokoll ersichtlich. Die nicht erfolgreichen Testfälle können dann, nachdem der Entwickler die Fehler behoben hat, erneut ausgeführt werden.

Tabelle 11 zeigt die Kalkulation auf Basis einer Entwicklungszeit von 180 Minuten und einer Dauer für Anpassungen von 5 Minuten.

Tabelle 11: Kalkulation III

Fehler \ Wiederholung	3	4	5	6	7
0	4,4	3,2	2,5	2,1	1,8
1	3,5	2,7	2,2	1,8	1,6
2	2,9	2,3	1,9	1,7	1,5
3	2,5	2,1	1,8	1,5	1,3
4		1,8	1,6	1,4	1,3

Tabelle 12 zeigt die Kalkulation auf Basis einer Entwicklungszeit von 120 Minuten und einer Dauer für Anpassungen von 5 Minuten.

Tabelle 12: Kalkulation IV

Fehler \ Wiederholung	3	4	5	6	7
0	2,9	2,1	1,6	1,4	1,2
1	2,3	1,8	1,4	1,2	1,0
2	1,9	1,5	1,3	1,1	1,0
3	1,6	1,4	1,2	1,0	0,9
4		1,2	1,0	0,9	0,8

Der große Nachteil der Testautomatisierung ist der Erwerb des Capture and Replay Tools und die Kosten für die Schulung der Anwender. Nutzt man eCATT, sind keine Investitionen erforderlich, da dies im SAP System inklusive enthalten ist.

5.4 Zusammenfassung

Die hier aufgestellten Rechenbeispiele sollen verdeutlichen, dass die Automatisierung von Testfällen seinen entsprechenden Anteil am Projektbudget benötigt. Sie zeigen aber auch, wie volatil die Berechnung ist, das heißt, wie stark sie auch von der Erfahrung des Testpersonals abhängen.

Betrachtet man noch non-SAP Systeme, wie zum Beispiel Kassen- oder Schalteranwendungen, über die Tests automatisiert werden sollen, ist über den Einsatz von Tools (wie zum Beispiel QTP; siehe Kapitel 6 Quick Test Professional (QTP)) nachzudenken. Es gibt am Markt ausreichend gute und bedienerfreundliche Tool-Pakete, für die man aber auch die Lizenz-, Implementierungs- und Schulungskosten in die Wirtschaftlichkeitsrechnung einbeziehen muss.

Im Fall von SAP DM beziehungsweise grundsätzlich bei SAP Modulen entfallen bei Einsatz von eCATT und dem Solution Manager diese zusätzlichen Kosten, da es sich hier um SAP-eigene Tools handelt, die kostenfrei mitgeliefert werden.

Darüber hinaus macht es bei einer Standardsoftware, wie SAP DM (beziehungsweise SAP Banking), durchaus Sinn, sich ein Paket von Standardtestfällen aufzubauen, die auf der einen Seite mit geringem Änderungsaufwand in anderen SAP Banking-Projekten nutzbar wären und auf der anderen Seite auch als Quality Gate bei Einführung neuer Releases dienen könnten. Diese mehrfache Verwendung der Standardtestfälle rechtfertigt zweifelsohne eine Automatisierung.

6 Quick Test Professional (QTP)

6.1 Übersicht

Quick Test Professional ist ein Testtool von HP zur automatisierten Durchführung von Funktions- und Regressionstests. Die Skripte basieren auf der Sprache VB skript. Konzipiert wurde es für Windows und webbasierte Anwendungen. Mit einem add-in können damit auch SAP Anwendungen getestet werden. Einige der Kernfunktionen von QTP sind:

– Record and Play: Aufnahme und Wiedergabe
– Checkpoints: werden benötigt, um Werte und das korrekte Arbeiten der Anwendung unter Testbedingungen zu prüfen.
– Recovery: beschreibt das Verhalten von QTP in Ausnahmesituationen.
– Output value: wird genutzt, um zur Laufzeit der Anwendung Werte in Tabellen zu speichern.
– Data table: In QTP kann direkt ein Microsoft Excel worksheet bearbeitet werden.

Nach Start der QTP-Anwendung erscheint der Add-in Manager. In dieser Maske ist das „Add-in SAP" auszuwählen und der Button „OK" zu betätigen.

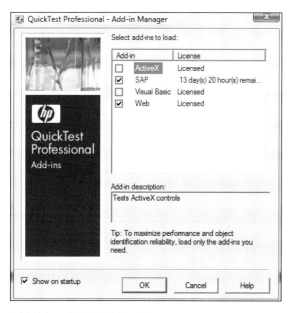

Abbildung 174: Add-in Manager

Nachdem der Startbildschirm von QTP mit allgemeinen Informationen aufgerufen wird, wird folgendes grundsätzliches Layout dargestellt:

Abbildung 175: Menü Bar

Abbildung 176: File-/View-/Edit Toolbar

Abbildung 177: Testing-/Tool-/Insert Toolbar

Die verschiedenen Funktionen der Toolleiste referenzieren auf die Funktionen der Menüleiste. Die Menüleiste ist in unterschiedliche Bereiche unterteilt. Das Erscheinen/Verschwinden dieser Funktionen erfolgt über die View-Toolleiste. Darüber hinaus gibt es definierte Short keys, die einen direkten Aufruf einer Funktion über eine Tastenkombination ermöglichen.

Tabelle 13: Short keys

Menüpunkt	Short key	Funktion
New	CTRL + N	Erstellt einen neuen Test
Open	CTRL + O	Öffnet einen Test
Save	CTRL + S	Speichert einen Test

Betätigt man den Menüpunkt NEW oder nutzt die oben genannte Tastenkombination CTRL + N, so wird ein neuer Test erstellt und der Reiter „Test" erscheint.

Die Menüleiste („Action toolbar") zeigt eine Liste von möglichen Aktionen. Im darunter liegenden Abschnitt („Test pane") werden die aufgezeichneten Anwendungen angezeigt. Dabei gibt es zwei Möglichkeiten, sich die aufgezeichneten Skripte anzuschauen (Abbildung 178).

Die erste Möglichkeit ist der so genannte Key word view, bei dem in Form einer Baumstruktur Schlüsselwörter angezeigt werden (siehe auch Abbildung 181: Key word view). Diese sind wiederum in verschiedene Spalten aufgeteilt:

  – Items: zum Beispiel ein Objekt
  – Operations: Was passiert mit diesem Objekt (item)?

- Value: Welcher Wert wurde erfasst?
- Assignment: Von welcher bzw. zu welcher Variable zugeordnet?
- Comment: Möglichkeit, diesen Schritt zu kommentieren
- Documentation: Beschreibung, welchen Zweck dieser Schritt hat.

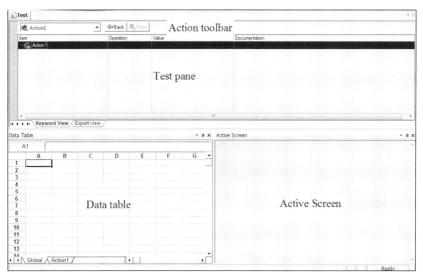

Abbildung 178: Test Screen

Die Spalten „Assignment" und „Comment" gehören nicht zum default view. Aber sie können angezeigt werden, indem man die rechte Maustaste auf den Spalten betätigt.

Die zweite Möglichkeit ist der so genannte Expert View, der das Skript in der VB-Script-Sprache anzeigt.

Die Datentabelle („Data table") zeigt die Parametrisierung an und das „Active Screen" die Anwendung während der Aufzeichnung.

6.2 Aufnahme und Einstellungen für SAP

Der Button „Record" Record führt zu den Einstellungen Record and Run Settings. Nach Eingabe der Einstellungen für das SAP System ist der Button „Apply" zu betätigen. Wenn auf dem Reiter „Add-in Manager" am Anfang nicht SAP aktiviert wurde, wird der Reiter SAP auf der Maske „Record and Run Settings" nicht angezeigt.

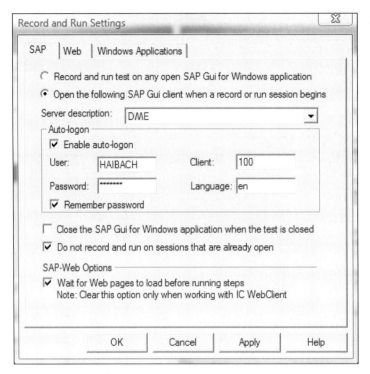

Abbildung 179: Record and Run Settings

Die Verbindung zum SAP System wird automatisch hergestellt und die Aufnahme kann gestartet werden.

Neue Geschäftspartner und zugehörige Konten wurden erstellt. Hierzu war es erforderlich, dem Geschäftspartner die Rolle Bank Customer Private zuzuordnen.

Die nächste Aufgabe ist nun, für diese neuen Geschäftspartner Kartenkonten anzulegen. Dazu müssen den betroffenen Geschäftspartnern zusätzlich die Rolle Card Holder zugewiesen werden. In den meisten Fällen ist diese Rolle automatisch mit der Rolle Bank Customer Private verknüpft. Dann wäre es nicht erforderlich, sie separat zu ergänzen. In diesem Fall aber, um eCATT mit QTP vergleichen zu können, ist es wichtig, Skripte mit nahezu identischen Aufgaben zu erstellen.

Die Auswahl und Zuweisung der neuen Rolle sind als erstes aufzuzeichnen. Außerdem ist zu überprüfen, ob die Verwaltung des Geschäftspartners auf Anzeige- oder Änderungsmodus eingestellt ist. Das ist der erste Ausgabewert (output value). Einige Felder im Skript werden parametrisiert, insbesondere die Nummer des Geschäftspartners und die Rolle. Der Prozess zur Aufnahme ist ähnlich wie bei der Nutzung des SAPGUI-Treibers. Nach Erfassung der Einstellung für „Record and Run Settings" wird automatisch die Verbindung zum SAP System aufgebaut.

Aufzunehmende Schritte

– Aufruf der Geschäftspartner Transaktion (TC BP)

© 2009 SAP AG

– Angabe der Geschäftspartnernummer

– Prüfen, ob die Felder änderbar sind
  • Wechseln Sie zum QTP-Fenster und betätigen „Insert – Output Value – Standard Output Value …"
  • Das SAP Fenster wird automatisch angezeigt. Klicken Sie auf das Feld „Name".
  • Erfassen Sie den Namen „First Name".
  • Markieren Sie das Feld „enabled" und klicken auf Button „OK".
  • Der Ausgabewert (output parameter) „First_Name_enabled_out" wird in die Datentabelle geschrieben.
– Wechseln Sie in den Änderungsmodus durch Klick auf dem Button .
– Wählen Sie die Rolle „Card Holder".

© 2009 SAP AG

– Sichern Sie mit 💾.
– Wechseln Sie in den Anzeigemodus durch Klick auf dem Button 🖉.
– Schließen Sie das SAP Fenster.
– Stoppen Sie die Aufnahme im QTP-Fenster.
– Speichern Sie den Test mit der Bezeichnung „Choose role – card holder".

QTP ermöglicht folgende Arten der Aufnahme.

– Analogue Recording ⬚: zeichnet exakt die Mausbewegungen und Tastatureingaben auf, die auf dem Bildschirm getätigt werden.

– Low Level Recording ⬚: ermöglicht die Aufzeichnung von Objekten, die nicht von QTP unterstützt werden.

Um den Modus während der Aufnahme zu ändern, öffnen Sie das QTP-Fenster und wählen Sie die entsprechenden Buttons auf der Testing-Menüleiste.

Abbildung 180: Output Value Properties

Active Screen, output value, checkpoints

Der Key word view besteht aus folgenden Komponenten:

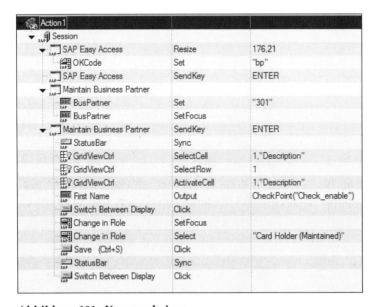

Abbildung 181: Key word view

Selection box: entweder Auswahl eines Wertes aus der Liste oder direkte Eingabe eines Wertes

 Text field: Eingabe eines Wertes

Button: Ein Button wurde gedrückt.

Status bar: Information wurde zur Statusleiste übermittelt.

Grid view: Tabelle wurde angezeigt.

Der Expert view enthält folgenden Quellcode:

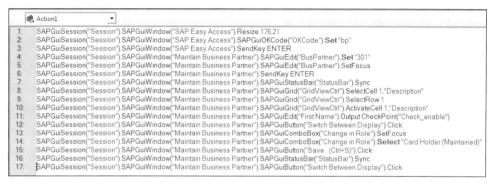

Abbildung 182: Expert view

Sowohl der Key word view als auch der Expert view zeigen das SAP Fenster von jedem aufgenommenen Schritt im Active screen.

6.3 Parametrisierung

6.3.1 Tabellenparameter

Durch Parametrisierung hat man die Möglichkeit, feste Werte durch variable zu ersetzen. Die Tabellenparameter entsprechen den Spalten in der Datentabelle und jede Zeile repräsentiert eine einzelne Iteration. Weitere Informationen zum Bereich der Datentabellen in Kapitel 4.5.1 Testdaten auf Seite 117.

Um das aufgezeichnete Skript parametrisieren zu können, muss der Cursor auf dem Feldwert des korrespondierenden Objekts (item) positioniert und der Button betätigt werden.

Abbildung 183: Parametrisierung

Danach ist das Feld „Parameter" auszuwählen und ihm eine Bezeichnung zu geben. Nach Bestätigung der Eingaben wird der Parameter in der Datentabelle ergänzt. Sollte das Feld „Global sheet" ausgewählt sein, so wird der Parameter zur übergreifenden Tabelle ergänzt und ist für das komplette Testskript verfügbar. Ist lediglich das Feld „Current action sheet (local)" markiert, so ist der Parameter nur in der entsprechenden Aktion gültig.

Abbildung 184: Value Configuration Options

Abbildung 185: Parameter – bp_number

Parametrisieren Sie das Feld, das die ausgewählte Rolle zeigt, und in der Spalte „Operation", die Funktion „Select Key" enthalten hat. Der Parameter enthält nicht den Namen der Rolle, sondern den Schlüsselwert, der bei Card Holder „BCA040" ist.

Abbildung 186: Parameter – bp_role

Die Datentabelle enthält drei Parameter, zwei Eingabe- und einen Ausgabeparameter. Jede Zeile repräsentiert eine Variante, wobei „First_Name_enabled_out" der Ausgabeparameter ist. Jede Zeile stellt eine Variante dar.

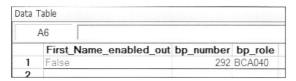

Abbildung 187: Data Table – Parameter

QTP bietet noch ein hilfreiches Tool für die Parametrisierung an, den so genannten Datentreiber („Data Driver"). Man kann ihn über das Menü „Tools – Data Driver" aufrufen. Er listet alle Werte auf, die während der Aufzeichnung gesetzt wurden, und wie oft sie im Skript auftauchen. Der Button „Add Value ..." ermöglicht die Ergänzung von Werten gemäß des datengetriebenen Testkonzepts. Der Button „Parameterize ..." ermöglicht die Parametrisierung der gezeigten Werte.

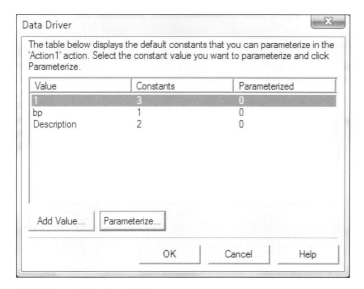

Abbildung 188: Data Driver

Der Test wird nun mit der Bezeichnung „Change role – Card Holder" gespeichert. Jetzt kann man weitere Varianten ergänzen, die getestet werden sollen. Dazu muss für jede neue Entität eine Zeile mit Daten in der Datentabelle ergänzt und dann der Button „Run" und anschließend „Apply" betätigt werden.

6.3.2 Umgebungsvariablen

QTP ermöglicht das Lesen und Setzen von Umgebungsvariablen. Sie können für die Erstellung und Einrichtung von Skripten hilfreich sein. Es gibt drei Arten von Umgebungsvariablen.

- *User-Defined Internal:* Wie der Name schon sagt, der Anwender ist in der Lage, Variablen zu erstellen und zu füllen, um diese in den Testskripten zu nutzen.

- *User-Defined External:* Diese werden genauso vom Anwender erstellt und gefüllt, werden aber in QTP in eine externe Variablendatei importiert, womit dann während der Nutzung von QTP eine Änderung der Werte nicht möglich ist.

- *Built-in:* Diese Art von Variablen beinhalten Informationen über den Test und den Computer, auf dem der Test läuft. Diese sind als read-only definiert.

Betätigt man den Menüeintrag „File – Settings …", öffnet sich das Fenster „Test Settings". Auf dem Reiter „Environment" können alle Arten von Umgebungsvariablen verwaltet werden.

Für das Feld „Variable type" gibt es die Werte „User-defined" und „Built-in". Wählt man „Built-in", so werden alle Built-in-Variablen mit deren Beschreibung angezeigt.

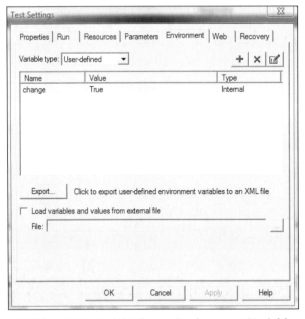

Abbildung 189: Test Settings – Environment Variables

 Add/Delete/Change

Das Einfügen von Variablen wird durch den Button mit dem grünen Kreuz ermöglicht und ein Klick auf den Button „Export …" exportiert die erfassten Werte in eine XML-Datei.

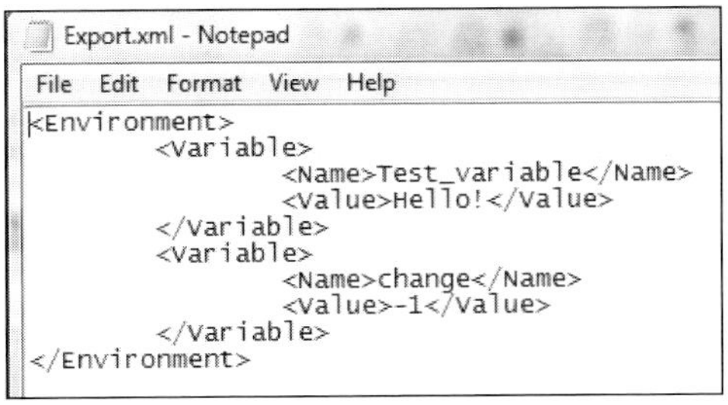

```
Export.xml - Notepad
File  Edit  Format  View  Help
<Environment>
        <Variable>
                <Name>Test_variable</Name>
                <Value>Hello!</Value>
        </Variable>
        <Variable>
                <Name>change</Name>
                <Value>-1</Value>
        </Variable>
</Environment>
```

Abbildung 190: Export File

Für den Fall, dass die Umgebungsvariablen in einer externen Datei verwaltet werden, muss die in Abbildung 190 Export File gezeigte Syntax berücksichtigt werden. Um die Variablendatei importieren zu können, muss das Feld „Load variables and values from external file" markiert werden.

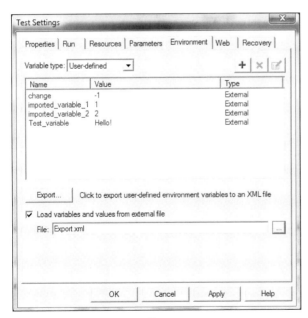

Abbildung 191: Import File

Nach Auswahl der Datei unter „File" werden die Variablen eingefügt und als read-only angezeigt. Die internen Variablen können im Expert oder Key word view bearbeitet werden, wohingegen der Quellcode im Expert view angezeigt wird.

```
'Change the value of internal_var
environment("internal_var") = "Test"


'Returns the value of internal_var in a message box
msgbox(environment("internal_var"))


'Returns the value of the Built-in variable OS in a message box
msgbox(environment("OS"))


'Insert an entry to the report
Reporter.ReportEvent micWarning, "Test", "There is something wrong."
```

Die entsprechenden Befehle im Key word view:

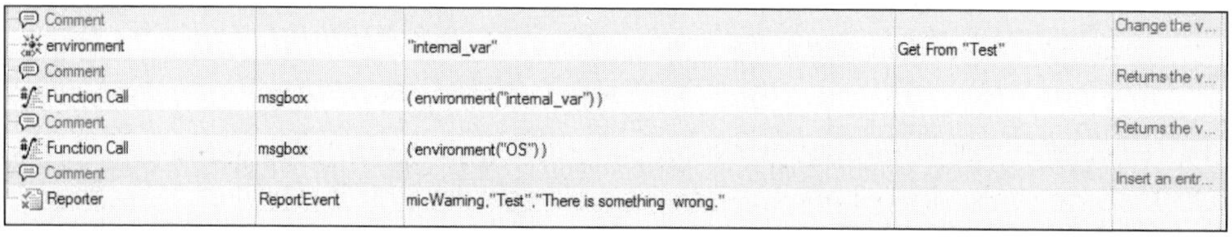

Comment				Change the v...
environment		"internal_var"	Get From "Test"	
Comment				Returns the v...
Function Call	msgbox	(environment("internal_var"))		
Comment				Returns the v...
Function Call	msgbox	(environment("OS"))		
Comment				Insert an entr...
Reporter	ReportEvent	micWarning,"Test","There is something wrong."		

Abbildung 192: Befehle – Key word view

Das Tool Step Generator ermöglicht das Einfügen von Schritten und Befehlen im Key word view.

Abbildung 193: Step Generator

Die erste Auswahlbox ermöglicht die Wahl der Kategorie. Es zeigt an, was einge-fügt werden soll: ein Testobjekt, ein Dienstobjekt oder eine Funktion.

Bei der Wahl von „Test objects" zeigt das Feld „Object" alle bisher aufgezeichneten Objekte an. Beim Klick auf  öffnet sich ein Fenster und zeigt alle zum Objekt aufgezeichneten Schritte an.

Das Dienstobjekt zeigt, welche Dienste genutzt werden können. Der Button „Choice" ermöglicht den Aufruf von Funktionen wie ABS, die den Absolutwert einer Zahl zurückgibt, MSGBOX, die ein Nachrichtenfenster öffnet, oder YEAR, eine Funktion, die das aktuelle Jahr als Wert zurückgibt. Jeder eingefügte Schritt im Key word view wird in der Programmiersprache im Expert view angezeigt.

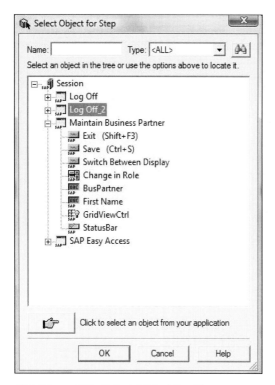

Abbildung 194: Select Object for Step

6.3.3 Zufallszahlen-Parameter

Während der Parametrisierung öffnet sich das Dialogfenster. Bei Auswahl des Feldes „Parameter" hat man die Möglichkeit, die Option „Random Number" (Zufallszahlen) auszuwählen.

Um eine Zufallszahl zwischen 0 und 100 zu bekommen, sind diese Werte in die Felder „From:" und „To:" zu erfassen. Außerdem ist der Name dieses Parameters im Feld „Name" und die Häufigkeit für die Generierung dieser Zufallszahl im Bereich „Generate new random number" anzugeben. Dabei hat man folgende Möglichkeiten:

- „For each action iteration": für jede Iteration der Aktion
- „For each test iteration": für jede Iteration des Tests
- „Once per entire test run": einmalig für den gesamten Testlauf.

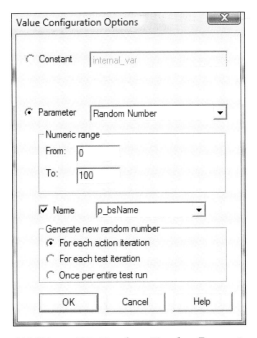

Abbildung 195: Random-Number-Parameter

6.3.4 Input- und Output-Parameter

Das nächste in Sachen Parameter bei QTP betrifft die Input- und Output-Parameter für jede einzelne Aktion und jeden einzelnen Test.

- **„Input parametes"** spezifiziert die Parameter, die im Test genutzt werden, um Werte der aufrufenden Quelle zu bekommen.
- **„Output parameters"** spezifiziert die Parameter, die der Test an die aufrufende Quelle übergibt [12].

Diese Parameter können für den Test über den Menüpunkt „File – Settings …" und den Reiter „Parameter" verwaltet werden. Um einen Input/Output-Parameter für eine Aktion einzurichten, muss man die rechte Maustaste auf der entsprechenden Aktion betätigen und das Menü „Action Properties …" auswählen.

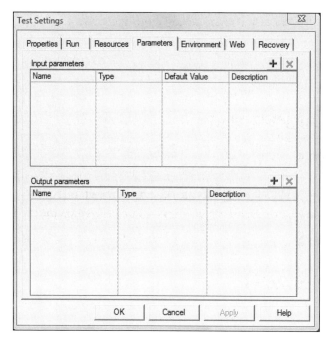

Abbildung 196: Input/Output-Parameters

6.4 Anbinden von Aktionen

Wenn ein Skript mit einer Fehlermeldung abbricht, ist der Button „stop" zu betätigen, das QTP-Fenster kommt in den Vordergrund und zeigt das Ergebnis an, dass die zweite Variante fehlgeschlagen ist. In diesem Beispiel ist der erste Befehl das resizing vom Easy-Access-Fenster. Allerdings endet die Aufzeichnung im Modul „Geschäftspartner". Das Skript versucht, die Größe des Fensters Easy Access zu verändern, aber es befindet sich im falschen Dynpro. Deshalb ist es erforderlich einen weiteren Befehl aufzuzeichnen, der den Wechsel zum Easy-Access-Fenster durchführt. Dazu gehen Sie zum Ende des Key word view und klicken in die nächste freie Zeile. Betätigen Sie den Aufnahmebutton und rufen das Modul „Geschäftspartner" auf.

Klicken Sie auf den ⚙-Button und stoppen die Aufnahme im QTP-Fenster.

Die Befehle in der folgenden Abbildung wurden im Key word view eingefügt.

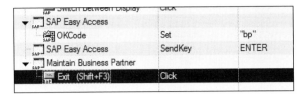

Abbildung 197: Eingefügte Befehle

Nun sind all diese Befehle zu löschen, bis auf den letzten Ordner „Maintain Business Partner". Dieser enthält den Exit-Befehl, der als einziges übrig bleiben muss.

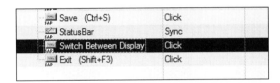

Abbildung 198: Statement – Exit

Jetzt kann das Skript erstmalig ausgeführt werden.

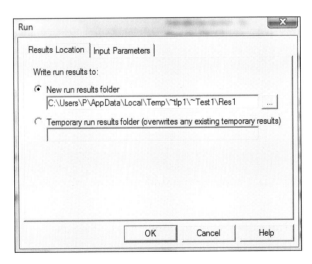

Abbildung 199: Run

Klicken Sie auf „OK" und für eine Variante läuft das Skript und zeigt die Resultate an.

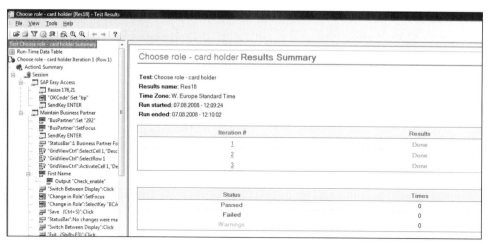

Abbildung 200: Results

Der erste Knoten zeigt eine Zusammenfassung der Ergebnisse und jeder aufgezeichnete Schritt enthält sein dazugehörendes Ergebnis an. Dazu ist im Menü „Automation" „Results …" aufzurufen.

6.5 Bedingte Anweisungen und Verarbeitung von Meldungen, Checkpoints

Wenn der Lauf erfolgreich war, kann das Skript durch bedingte Anweisungen modifiziert werden. Der Parameter „First_Name_enabled_out" enthält den Status der Transaktion (Änderungs- oder Anzeigemodus). In Bezug darauf muss der IF statement wie folgt eingefügt werden:

Klicken Sie auf den Schritt, wo der Parameter „First_Name_enabled_out" definiert ist. Wählen Sie das Menü „Insert – Conditional Statement – If … Then" und schreiben sodann in *DataTable(„First_Name_enabled_out") = „False"*. Ziehen Sie die Befehlszeile(n) mit der Maus in die Zeile mit dem IF Statement. Es wird ausgeführt, wenn das IF Statement wahr wird.

Abbildung 201: Data Table Query

Um die Eigenschaften des Objekts zu überprüfen, klicken Sie auf das Objekt, in dem ein neues Prüfobjekt eingefügt werden soll. Diese Nachrichten werden mit

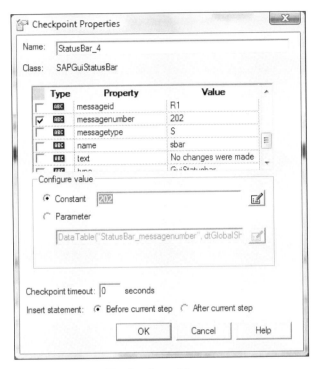 dargestellt. Klicken Sie auf das letzte Statuszeilensymbol im Testskript und navigieren zum Menü „Insert – Checkpoint – Standard Checkpoint ...“

Abbildung 202: Checkpoint – Message

Markieren Sie das Feld „messagenumber“, um zu prüfen, ob diese Meldung während der Ausführung angezeigt wird. Darüber hinaus aktivieren Sie das Feld „Constant“. Bei jeder Ausführung von diesem Skript überprüft es, ob die Meldung mit der Nummer „202“ angezeigt wird. Klicken Sie auf „OK“ und der Checkpoint erscheint wie folgt:

StatusBar	Check	CheckPoint("StatusBar_4")
StatusBar	Sync	

Abbildung 203: Checkpoint – Symbol

Eine andere Möglichkeit, einen Checkpoint zu setzen, ist das Einfügen eines neuen Schrittes. Dazu klicken Sie auf das Symbol im Key word view, wo der Checkpoint eingefügt werden soll und navigieren zum Menü „Insert – New Step". Ein weiterer Schritt wird zum markierten Objekt ergänzt.

Abbildung 204: Select an item

Wählen Sie das dazugehörige Objekt und den Befehl „CheckProperty". Füllen Sie die Lücken in der Werte-Spalte. Die Bezeichnung der Eigenschaft und der dazugehörende Wert, der getestet werden soll, können in den Checkpoint-Eigenschaften eingesehen werden (Seite 155).

| StatusBar | Sync | | |
| StatusBar | CheckProperty | messagenumber | 202 |

Abbildung 205: CheckProperty

Wenn die angezeigte Meldung einen anderen Wert hat, greift der Checkpoint nicht und der ganze Test schlägt fehl. Um zu überprüfen, ob die Meldung eine vom Typ S (Success) ist, sind folgende Daten einzufügen und zu speichern.

| StatusBar | Sync | |
| StatusBar | CheckProperty | "messagetype","S" |

Abbildung 206: Message Type

Die Struktur einer SAP Meldung wurde auf Seite 108 beschrieben.

Die folgende Liste zeigt Methoden und Eigenschaften, die für SAP Objekte genutzt werden können.

- **CaptureBitmap:** speichert ein Fenster als Grafik (.png oder .bmp).
- **Check:** vergleicht den aktuellen mit dem erwarteten Wert.
- **CheckProperty:** vergleicht die aktuellen Objekteigenschaften mit den erwarteten innerhalb eines definierten Timeout.
- **ChildObjects:** liefert die Sammlung der Childobjekte, die innerhalb des Objekts enthalten sind.
- **GetROProperty:** liefert den aktuellen Wert der Testobjekteigenschaft des Objekts in der Applikation.

- **GetTOProperties:** gibt die Sammlung von Eigenschaften und Werten zurück, die zur Identifizierung des Objekts genutzt werden.
- **GetTOProperty:** liefert den Wert der spezifizierten Eigenschaft von der Testobjektbeschreibung.
- **OpenPossibleEntries:** öffnet eine Liste mit möglichen Eingaben für das Eingabefeld.
- **Output:** ermittelt den aktuellen Wert von einem Element und schreibt ihn an eine spezifische Stelle weg.
- **Set:** setzt den Wert eines Eingabefeldes in eine SAP GUI for Windows Anwendung.
- **SetCaretPos:** positioniert den Cursor innerhalb des Eingabefeldes.
- **SetFocus:** setzt den Fokus auf ein Eingabefeldobjekt in einer SAP GUI for Windows Anwendung.
- **SetSecure:** stellt den verschlüsselten Wert von einem Eingabefeld ein.
- **SetTOProperty:** setzt den Wert einer spezifizierten Eigenschaft in die Testobjektbeschreibung.
- **ToString:** liefert einen String, der das aktuelle Testobjekt repräsentiert.
- **WaitProperty:** wartet, bis die spezifizierte Eigenschaft des Objekts den spezifizierten Wert oder den spezifizierten Timeout erreicht hat, bevor es zum nächsten Schritt übergeht [12].

Der Expert view enthält jede Änderung, die im Key word view durchgeführt wurde. Der Ausdruck SAPGuiSession(„Session") wurde von jeder Zeile im folgenden Quellcode entfernt. Im Expert view source code editor ist dieser Ausdruck der erste Teil jeder Zeile. Die Entfernung wurde nur durchgeführt, um den Quellcode möglichst klar darzustellen.

```
SAPGuiWindow("SAP Easy Access").Resize 176,21

'Typing in the transaction code BP
SAPGuiWindow("SAP Easy Access").SAPGuiOKCode("OKCode").Set "bp"
SAPGuiWindow("SAP Easy Access").SendKey ENTER

'Parameterization of the business partner number
SAPGuiWindow("Maintain Business Partner").
SAPGuiEdit("BusPartner").Set DataTable("bp_number",
dtGlobalSheet)
```

```
SAPGuiWindow("Maintain Business Partner").
SAPGuiEdit("BusPartner").SetFocus
SAPGuiWindow("Maintain Business Partner").SendKey ENTER
SAPGuiWindow("Maintain Business Partner").
SAPGuiStatusBar("StatusBar").Sync
SAPGuiWindow("Maintain Business Partner").
SAPGuiGrid("GridViewCtrl").SelectCell 1,"Description"
SAPGuiWindow("Maintain Business Partner").
SAPGuiGrid("GridViewCtrl").SelectRow 1
SAPGuiWindow("Maintain Business Partner").
SAPGuiGrid("GridViewCtrl").ActivateCell 1,"Description"

'The insert output checkpoint
SAPGuiWindow("Maintain Business Partner").SAPGuiEdit("First
Name").Output CheckPoint("Check_enable")

'The conditional statement
If DataTable("First_Name_enabled_out") = "False" Then
SAPGuiWindow("Maintain Business Partner").
SAPGuiButton("Switch Between Display").Click End If

SAPGuiWindow("Maintain Business Partner").
SAPGuiComboBox("Change in Role").SetFocus

'Parameterization of the business partner role
SAPGuiWindow("Maintain Business Partner").
SAPGuiComboBox("Change in Role").
SelectKey DataTable("bp_role", dtGlobalSheet)
SAPGuiWindow("Maintain Business Partner").
SAPGuiButton("Save  (Ctrl+S)").Click

'The message
SAPGuiWindow("Maintain Business Partner").
SAPGuiStatusBar("StatusBar").Sync
```

```
'CheckProperty messagetype
SAPGuiWindow("Maintain Business Partner").
SAPGuiStatusBar("StatusBar").CheckProperty
"messagetype", "S"


SAPGuiWindow("Maintain Business Partner").
SAPGuiButton("Switch Between Display").Click
SAPGuiWindow("Maintain Business Partner").SAPGuiButton("Exit
(Shift+F3)").Click
```

6.6 Modularisierung

Die Modularisierung in QTP basiert auf verschiedenen aufgezeichneten Aktionen, die von verschiedenen Tests aufgerufen werden können. Ein Testskript, das viel Quellcode enthält, kann in verschiedene Aktionen unterteilt werden. Es gibt drei verschiedene Arten von Aktionen:

- *Non-reusable action:* kann nur durch den Test aufgerufen werden, in dem es aufgezeichnet wurde.
- *Reusable action:* kann von jedem Test mehrfach aufgerufen werden.
- *External action:* eine wiederverwendbare Aktion entwickelt in einem anderen Test. Sie sind nur im read-only Modus aufrufbar. Änderungen können nur in dem Test vorgenommen werden, in dem sie erstellt wurden.

Das Menü „Automation – Run from Step …" ermöglicht die Ausführung vom markierten Schritt im Key word view. Um dies so durchzuführen, ist der erste Schritt zu markieren, der schon zur nächsten Aktion gehört, und zum Menü „Edit – Action – Split Action …" zu navigieren.

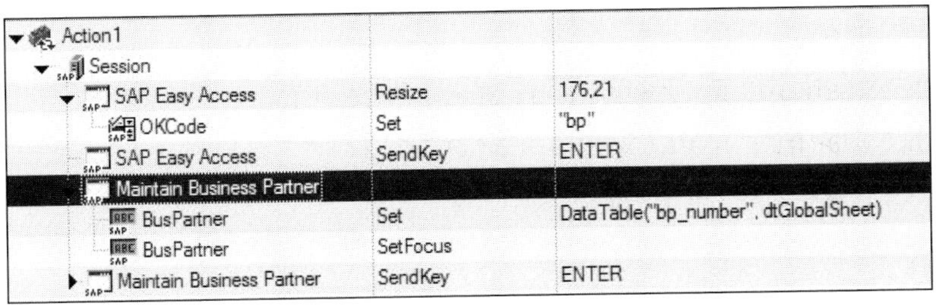

Abbildung 207: Split – Maintain Business Partner

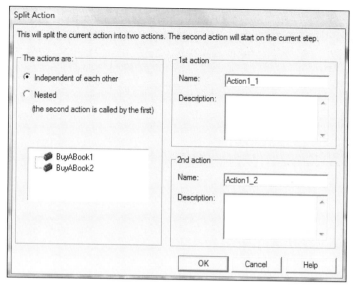

Abbildung 208: Split Action

Dieser Dialog ermöglicht die Eingabe einer Beschreibung zu beiden Aktionen. Durch Betätigung des Buttons „OK" wird Action1 in Aktion1_1 und Action1_2 unterteilt.

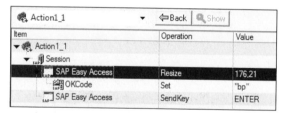

Abbildung 209: Action1_1

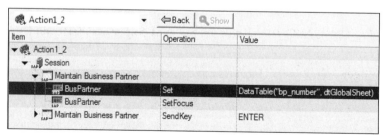

Abbildung 210: Action1_2

Der nächste Schritt in diesem Beispiel ist die Anlage eines Kartenkontos zum Bankkonto, das im eCATT-Kapitel erzeugt wurde. Die Anlage dieses Kartenkontos sollte durch Aufruf einer neuen Aktion erstellt werden. Dazu ist das Menü „Insert Call to New Action" aufzurufen.

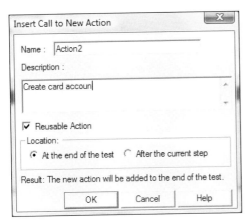

Abbildung 211: Call to New Action

Nach Angabe des Namens und der Beschreibung ist zu überprüfen, ob die Aktion hinter dem aktuellen Schritt eingefügt werden soll oder erst am Ende des Tests. Die Action toolbar ermöglicht entweder den Test Flow view, der die Aktionen nach dem Lauf des Skripts enthält, oder den View von einzelnen Aktionen. Wählt man den Test Flow, erscheint Action2 unterhalb Action1 in der Action toolbar. Nun kann mit dem Record-Button die Aufnahme gestartet werden.

Abbildung 212: Action2

Die Transaktion BCA_CN_CARD_01 ist aufzurufen und folgende Werte sind zu erfassen:

- Contract Manager
- Product
- Card Holder ID
- Bank Country
- Bank Key
- Account Number.

Danach ist der Button ![Button] zu betätigen.

Contract ID	Card Type: 0010 , No: TMP200700000001 / , Valid To: 31.12.2012
Contract Descr.	DEMOCARD
Valid On	18.06.2007

Basic Data 1 | Basic Data 2 | Basic Features | Purchase Order Data | Financial Conditions | Administration | Settlement

Graphical Map ID

Card Type	0010		
Card number	TMP200700000001	Suffix	
Card Valid From	18.06.2007	Card Valid To	31.12.2012
Contract Descr.	DEMOCARD		

Product

| Product | DEMOCARD | Prod.Vers. | 6 |
| Product Cat. | 0003 Card | | |

Basic Card Data

| Contr. Currency | EUR |
| Contract Calendar 1 | 01 Germany (Standard) |

Notes

L Description 1st line M L
EN SPCA01 TTXID: n..

Contract Managing Organizational Unit

| Contract Manager | Berlin | Berlin |

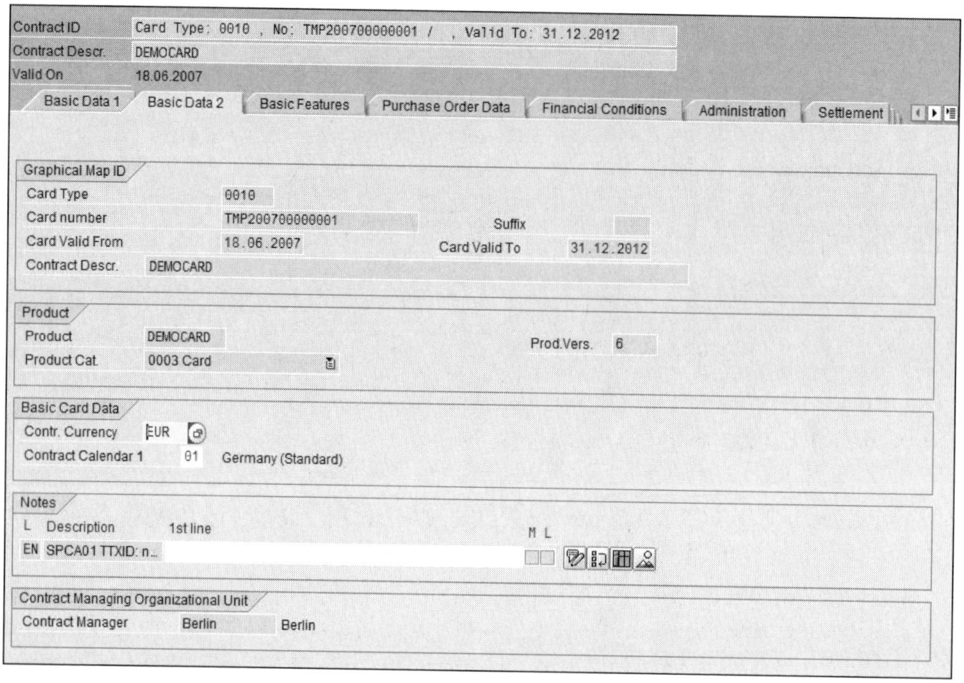

© 2009 SAP AG

Abbildung 213: Create Card

Das System zeigt verschiedene Reiter an. Die Anzahl der Reiter hängt von den Einstellungen im Customizing vom Kartenprodukt ab. Nach Durchführung der Eingaben ist der Button ![Button] zu betätigen.

Danach wechseln Sie zum QTP-Fenster und stoppen den Aufnahmeprozess. Wählen Sie das Menü „Tools – Data Driver …", um das Tool Data Driver für die Parametrisierung zu nutzen. Anschließend markieren Sie die Zeilen, die parametrisiert werden sollen, eine nach der anderen, und betätigen den entsprechenden Button. Markieren Sie das Feld „Step by step parameterization" und klicken auf „Next". Markieren Sie das Feld „Parameter" und geben einen einschlägigen Namen für den Parameter ein.

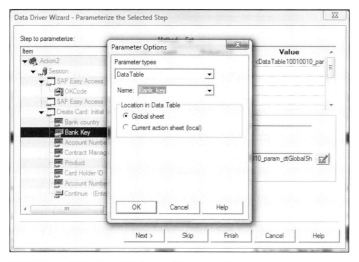

Abbildung 214: Data Driver – Parameterization

Das Feld „Card Holder ID" wurde parametrisiert. Dazu wählen Sie den alten Parameter „bp_number" und definieren keinen neuen Namen für den Parameter.

Neben der Möglichkeit, eine lokale wieder verwendbare Aktion aufzurufen, gibt es die Möglichkeit, eine externe wieder verwendbare Aktion von einer anderen Testdatei aufzurufen. Dazu ist das Menü „Insert – Call to Existing Action …" aufzurufen und die entsprechende Testdatei auszuwählen.

Abbildung 215: Call/Copy External Action

Die ausgewählte Aktion wird nach Ausführung im Key word view angezeigt. Es ist zwar möglich, sich einzelne Schritte anzusehen, Änderungen können jedoch nicht durchgeführt werden.

Um die Möglichkeiten des Einfügens von Aktionsbefehlen zu klären, ist ein neuer Test durch Drücken des Buttons „New" in der QTP-Datei Toolbar anzulegen.

Zeichnen Sie die Transaktion BCA_CN_ACCT_01 auf (vgl. die Schritte auf Seite 152), erfassen die erforderlichen Daten (Contract Manager, Product, Account Holder ID) und fahren mit dem Prozess fort. Über Menü „Insert – Output Value – Standard Output Value ..." kann ein Output-Parameter für Bank Country, Bank Key und Account Number angelegt werden.

Durch Klicken auf wechselt man zum Start-Fenster von SAP DM. Danach folgen der Wechsel auf das QTP-Fenster und Stopp der Aufnahme. Parametrisieren Sie die Felder „Contract Manager", „Product" und „Account Holder ID". Achten Sie darauf, die gleichen Namen zu verwenden wie im erstellten Test zuvor (Test: Choose role – card holder). Achten Sie bitte auf Groß- und Kleinschreibung.

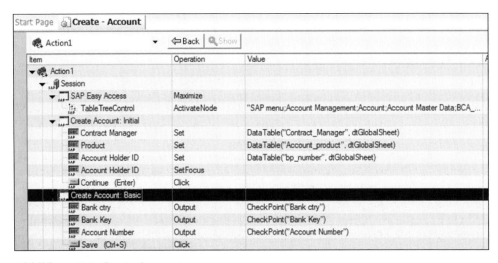

Abbildung 216: Create Account

Danach folgt Aufruf des Menüs „Insert – Call to Existing Action ..." und Auswahl von Action2 von Test „Choose role – card holder". QTP erkennt den gleichen Namen zwischen Import Parameter der aufgerufenen Aktion und dem Export Parameter des neuen Tests und ergänzt nur die Parameter mit unterschiedlichen Namen in die Datentabelle.

	Country	Bank_key	account_number	bp_number	Account_product	Contract_Manager	Card_Product
1				312	ACC MAX 30	TEST	REBECARD
2				313	ACC MAX 30	TEST	REBECARD
3				319	ACC MAX 30	TEST	REBECARD
4							

Data Table — D6

Abbildung 217: Parameter – Create Account

Einzig die Parameter „Contract_Manager" und „Card_Product" wurden nach Aufruf der Aktion automatisch eingefügt. Die Export Parameter „Country", „Bank_key" und „account_number" sind gleichzeitig die Import Parameter der aufgerufenen Aktion. Der Parameter „bp_number" wird in beiden Aktionen importiert. „Account_product" wird nur in der aufzurufenden Aktion importiert. „Contract_Manager" und „Card_Product" werden in der aufgerufenen Aktion importiert.

Bei Nutzung des Menüs „Insert – Call to Copy of Action …" wird die Aktion in die Testdatei kopiert. Dafür können Änderungen direkt in dem aufrufenden Test durchgeführt werden, aber nur für die kopierte Instanz.

6.7 Testdaten

Die Testdaten sind an die Datentabelle gebunden, die ähnlich wie Microsoft Excel funktioniert. Die definierten Import Parameter vom Skript werden in den Spalten angezeigt. Die global definierten Parameter und deren Werte werden in dem dazugehörenden Datenblatt „Global" angezeigt. All diese Werte sind für den gesamten Test verfügbar. Während der Testausführung wird jede Zeile vom Datenblatt „Global" ausgeführt. Diese Grundeinstellung kann im Menü „File – Settings …" im Reiter „Run" geändert werden. Die Parameter in den Datenblättern der verschiedenen Aktionen sind jeweils nur für die Aktion verfügbar, in deren Datenblatt sie definiert sind. Jede Aktion hat sein eigenes Datenblatt mit dem gleichen Namen wie die Aktion selbst. Die Grundeinstellungen sorgen dafür, dass nur die erste Zeile des Datenblatts einer Aktion ausgeführt wird. Dies kann geändert werden, indem man in der Action toolbar „Test Flow" auswählt und mit der rechten Maustaste auf der entsprechenden Aktion stehend „Action Call Properties …" aufruft und im Reiter „Run" eine neue Option auswählt.

1. „Run one iteration only": Lauf für nur eine Iteration

2. „Run on all rows": Lauf für alle Zeilen

3. „Run from row … to row …": Lauf von Zeile … zu Zeile …

Bei Auswahl der zweiten Option („Run on all rows") wird der Test eine komplette Iteration für jede einzelne Zeile im Datenblatt der Aktion ausführen. Es beginnt mit der ersten Zeile im globalen Datenblatt. Mit diesen Daten werden alle Zeilen im Datenblatt der Aktion ausgeführt. Das erfolgt für alle Zeilen im globalen Datenblatt. So kann die Anzahl der Iterationen schnell sehr hoch steigen.

Das Datenblatt enthält parametrisierte Werte, das heißt, die Daten sind in der Tabelle eingegeben. Eine andere Möglichkeit wäre der Import einer Tabelle oder nur ein Datenblatt einer Tabelle von Microsoft Excel. Um das komplette Excel file zu importieren, klicken Sie die rechte Maustaste auf der Tabelle stehend und wählen den Eintrag „File – Import from File …". Wenn man nur ein Datenblatt einer Datei importieren möchte, muss man „Sheet – Import from File" auswählen. Genauso ist es möglich, Daten von einer Datenbank zu importieren (über „Sheet – Import – From Database"). Wählen Sie die korrespondierenden Einträge, um Daten in eine Datei oder in ein einzelnes Datenblatt zu exportieren.

Abbildung 218: Step Generator – DataTable.Export

Während der Ausführung erstellt QTP eine Laufzeit-Datentabelle. Sie enthält die Werte der Output-Parameter. Am Ende des Tests wird die Laufzeit-Datentabelle geschlossen. Nun sind die Werte nur noch im Ergebnisfenster verfügbar. Während des Tests kann mit den Funktionen DataTable.Export(„file.xls") und Data-Table.Import(„file.xls") auf die Laufzeit-Datentabelle zugegriffen werden. Diese Funktionen können im Expert view eingefügt werden oder durch Nutzung des Step Generator im Key word view.

Anforderungen an die Nutzung einer externen Testdatentabelle (Microsoft Excel):

– Die Bezeichnung der Spalten stimmt mit den Parametern im Skript überein.
– Die Bezeichnung der Datenblätter stimmt mit den Namen der Aktionen im Test überein.

Die Zeilen in der Testdatentabelle können über das Kontextmenü der Datentabelle „Edit – Delete" gelöscht werden. Jede Interaktion in der Testdatentabelle ist unterstrichen. Nach der Löschung verschwindet auch die Unterstreichung.

Ein Doppelklick auf die Spaltenüberschrift ermöglicht deren Umbenennung. Dazu muss aber auch der Parameter im test pane entsprechend umbenannt werden.

Die Datentabelle basiert auf einer Microsoft-Excel-Tabelle. Somit können auch Formeln genutzt werden. Dazu muss ein Standard Checkpoint eingefügt werden über Menü „Insert – Checkpoint Standard Checkpoint …". Um den Wert des Checkpoints zu parametrisieren, markieren Sie das Feld „Parameter" und erfassen einen Namen. Des Weiteren wählen Sie das Feld „Use Data Table formula".

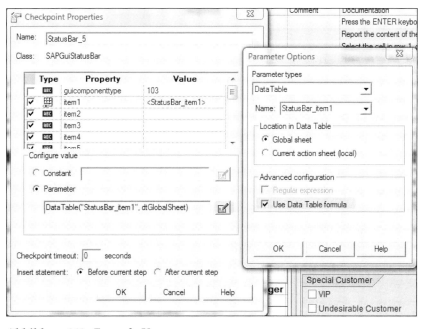

Abbildung 219: Formula Usage

Die Einstellungen für eine Formel sind identisch zu Microsoft Excel. Um eine Formel einzutragen, muss als erstes Zeichen ein Gleichheitszeichen eingegeben werden.

6.8 Debugger

Ein Debugger dient grundsätzlich dazu, ein Skript Schritt für Schritt auszuführen. Auf diese Weise kann ein komplexer Quellcode überprüft oder die Werte von Parametern während der Laufzeit geändert werden. Um ein Skript in QTP zu debuggen, muss ein Breakpoint gesetzt werden. Die Prozedur dafür ist nicht abhängig vom View, sondern ist identisch für Key word view und Expert view. Klicken Sie dazu mit der linken Maustaste auf den linken Rand vom Testskript auf Höhe der Zeile vom Quellcode, wo das Debuggen starten soll. Ein rotes kreisförmiges Symbol wird an der Stelle, wo der des Breakpoints gesetzt wurde, angezeigt.

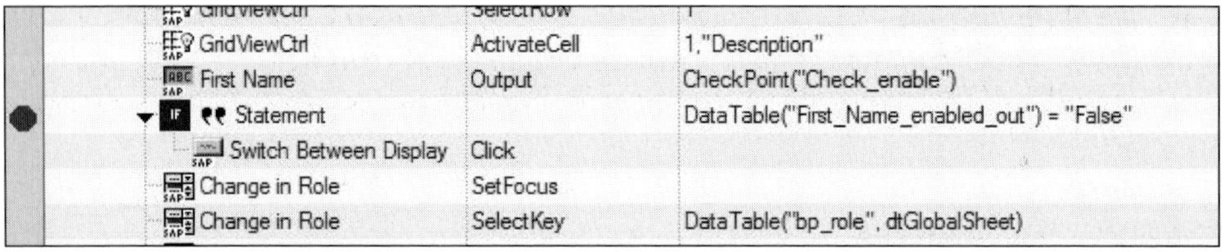

Abbildung 220: Breakpoint

Das Menü „Debug" bietet einige hilfreiche Optionen hinsichtlich dieser Breakpoints. In einigen Fällen ist es erforderlich Breakpoints zu aktivieren/deaktivieren. Dazu markieren Sie die Zeile mit dem Breakpoint und wählen das Menü „Debug – Enable/Disable Breakpoint". Die Option „Enable/Disable All Breakpoints" führt die Aktivierung/Deaktivierung über alle Breakpoints aus. Um einen einzelnen Breakpoint zu löschen, drücken Sie die linke Maustaste auf dem Breakpoint und sogleich ist er gelöscht und das rote kreisförmige Symbol verschwunden. Um alle Breakpoints zu löschen, ist der korrespondierende Eintrag im Menü „Debug" auszuwählen.

Betätigt man den Button „Run", wird das Skript ausgeführt und hält am definierten Breakpoint an. Es gibt nun drei verschiedene Befehle, um mit dem Debugging-Prozess fortzufahren. Sie können entweder über das Debug-Menü aufgerufen werden oder über folgende in Klammern erwähnte Tastenkombinationen:

- Step Into (F11): führt lediglich die aktuelle Zeile aus.
- Step Over (F10): führt die aufgerufene Aktion gänzlich aus, wird aber nicht im Test-pane-Fenster angezeigt.

– Step Out (Shift + F11): läuft bis ans Ende der aufgerufenen Aktion und kehrt zur aufrufenden Aktion zurück.

Nach Abschluss des Debugging oder einer Testdurchführung wird eine Zusammenfassung der Ergebnisse angezeigt.

6.9 Analysing

Die am Ende eines Laufs erstellte Zusammenfassung enthält folgende Informationen:

– Übersicht
– verwendete Daten
– Sicht der Baumstruktur
– die Position, an der ein Fehler aufgetreten ist.

Das Ergebnisfenster ist folgendermaßen unterteilt: Links wird eine aufklappbare Baumstruktur angezeigt und die rechte Seite beinhaltet die Detailinformationen. Im Fall, dass Breakpoints im Test gesetzt wurden, wird in der Baumstruktur deren Status angezeigt. Die wichtigsten Statussymbole sind in der folgenden Tabelle aufgelistet.

Tabelle 14: Statussymbole

Symbol	Bedeutung
✔	Schritt erfolgreich ausgeführt.
✘	Schritt nicht erfolgreich ausgeführt.
!	Warnung. Schritt war zwar nicht erfolgreich, aber der Test war nicht fehlerhaft.
! ⊗	Schritt unerwartet fehlerhaft.
i	Optionaler Schritt fehlerhaft, wodurch der Test aber nicht fehlerhaft war.
✋	Die Durchführung wurde gestoppt.

Das Symbol ▦ referenziert auf die Laufzeit-Datentabelle. Die in dieser Tabelle angezeigten Daten werden vom Skript während der Ausführung genutzt. Das Kontextmenü (Klick mit der rechten Maustaste auf die Laufzeit-Datentabelle) zeigt das gleiche Menü, das auf Seite 165 (Kapitel Testdaten) erläutert wurde.

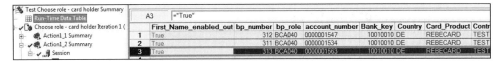

Abbildung 221: Run Time Data Table

Jeder Schritt wird wie in Abbildung 215 Call/Copy External Action erläutert angezeigt.

Abbildung 222: Step passed

7 Literaturverzeichnis

7.1 Literatur

[1] Spillner, A./Linz, T. (2005): Basiswissen Softwaretest. dpunkt.verlag

[2] Fajardo, J./Dustin, E. (2007): Testing SAP R/3. Wiley & Sons

[3] Helfen, M./Lauer, M./Trauthwein, H. M. (2007): Testing SAP Solutions. Galileo Press

[4] Keller, H./Krüger, S. (2006): ABAP Objects. Galileo Press

[5] Färber, G./Kirchner, J. (2005): ABAP-Grundkurs. Galileo Press

[6] Pol, M./Koomen, T./Spillner, A. (2002): Management und Optimierung des Testprozesses. dpunkt.verlag

[7] Spillner, A./Roßner, T./Winter, M./Linz, T. (2006): Praxiswissen Softwaretest. dpunkt.verlag

[8] Wallmüller, E. (2001): Software-Qualitätsmanagement in der Praxis. Hanser

[9] Hetzel, C. W. (1993): The Complete Guide to Software Testing. Wiley & Sons

[10] Myers, G. J. (2004): The Art of Software Testing. Wiley & Sons

[11] ISO 9126, International standard for the evaluation of software quality

[12] Quick Test Professional UserGuide

[13] Haibach, P. (12/2008): Testautomation for SAP Deposits Management; unveröffentlichte Diplomarbeit

7.2 Homepages

[I1]   http://en.wikipedia.org/wiki/Software_testing, 11/2008

[I2]   http://en.wikipedia.org/wiki/4GL, 08/2008

[I3]   SAP Bibliothek
       http://help.sap.com/saphelp_dm40/helpdata/en/39/10104211625933e10000000a155106/frameset.htm, 08/2008

[I4]   SAP Bibliothek
       http://help.sap.com/saphelp_erp2004/helpdata/en/54/2d978bd6d011d29e450000e839cd96/frameset.htm, 08/2008

[I5] SAP Bibliothek
      http://help.sap.com/erp2005_ehp_03/helpdata/en/9f/db988735c111d1829f0000
      e829fbfe/frameset.htm, 08/2008

[I6] SAP Bibliothek
      http://help.sap.com/saphelp_sm32/helpdata/en/ec/b86e3fefa13042e10000000a1
      14084/frameset.htm, 09/2008

[I7] SAP Bibliothek
      http://help.sap.com/saphelp_sm32/helpdata/en/ec/b86e3fefa13042e10000000a1
      14084/frameset.htm, 09/2008

[I8] SAP Bibliothek
      http://help.sap.com/saphelp_nw04/helpdata/EN/1d/f2383fe58d5900e10000000
      a114084/frameset.htm, 09/2008

Sachwortverzeichnis

IT-Management und -Anwendungen

Detlev Frick | Andreas Gadatsch | Ute G. Schäffer-Külz
Grundkurs SAP® ERP
Geschäftsprozessorientierte Einführung mit durchgehendem Fallbeispiel
2008. XXX, 352 S. mit 442 Abb. und Online-Service
Br. EUR 39,90   ISBN 978-3-8348-0361-0

Gunther Friedl | Christian Hilz | Burkhard Pedell
Controlling mit SAP®
Eine praxisorientierte Einführung – Umfassende Fallstudie – Beispielhafte
Anwendungen
5., überarb. Aufl. 2007. XXII, 279 S. mit 91 Abb. und Online-Service
Br. EUR 41,90   ISBN 978-3-8348-0419-8

André Klahold
Empfehlungssysteme
Recommender Systems - Grundlagen, Konzepte und Lösungen
2009. XII, 174 S. mit 82 Abb. Br. EUR 24,90
                                                        ISBN 978-3-8348-0568-3

Stefan Strohmeier
Informationssysteme im Personalmanagement
Architektur – Funktionalität – Anwendung
2008. XX, 388 S. mit 96 Abb., und Online-Service
Br. EUR 36,90   ISBN 978-3-8348-0310-8

**VIEWEG+
TEUBNER**

Abraham-Lincoln-Straße 46
65189 Wiesbaden
Fax 0611.7878-400
www.viewegteubner.de

Stand Juli 2009.
Änderungen vorbehalten.
Erhältlich im Buchhandel oder im Verlag.

IT–Sicherheit und Datenschutz

Heinrich Kersten | Jürgen Reuter | Klaus-Werner Schröder,

IT-Sicherheitsmanagement nach ISO 27001 und Grundschutz

Der Weg zur Zertifizierung
2., akt. und erw. Aufl. 2009. XIV, 299 S. mit 2 Abb. und Online-Service
(Edition <kes>) Br. EUR 49,90   ISBN 978-3-8348-0605-5

Klaus-Rainer Müller

IT-Sicherheit mit System

Sicherheitspyramide - Sicherheits-, Kontinuitäts- und Risikomanagement -
Normen und Practices - SOA und Softwareentwicklung
3., erw. u. akt. Aufl. 2008. XXVI, 506 S. mit 38 Abb. mit Online-Service
Geb. EUR 76,90   ISBN 978-3-8348-00368-9

Dietmar Pokoyski | Michael Helisch, (Hrsg.)

Security Awareness

Neue Wege zur erfolgreichen Mitarbeiter-Sensibilisierung
2009. ca. XIV, 314 S. mit 244 Abb. (Edition <kes>) Br. ca. EUR 49,90
                    ISBN 978-3-8348-0668-0

Horst Speichert

Praxis des IT-Rechts

Praktische Rechtsfragen der IT-Sicherheit und Internetnutzung
2., akt. und erw. Aufl. 2007. XVIII, 368 S., mit 12 Abb. mit Online-Service
(Edition <kes>) Br. EUR 49,90   ISBN 978-3-8348-0112-8

VIEWEG+
TEUBNER

Abraham-Lincoln-Straße 46
65189 Wiesbaden
Fax 0611.7878-400
www.viewegteubner.de

Stand Juli 2009.
Änderungen vorbehalten.
Erhältlich im Buchhandel oder im Verlag.